鏡頭裡，我的夢和愛

劉 振 雄 著

文 學 叢 刊
文史哲出版社印行

國家圖書館出版品預行編目資料

鏡頭裡，我的夢和愛 / 劉振雄著. --初版 -- 臺市北：文史哲,民 101. 06 頁;　公分（文學叢刊；269） ISBN 978-986-314-033-7（平裝）
855　　　　　　101011003

文　學　叢　刊　269

鏡頭裡，我的夢和愛

著　者：劉　振　雄
出 版 者：文　史　哲　出　版　社
http:// www.lapen.com.tw
e-mail：lapen@ms74.hinet.net
登記證字號：行政院新聞局版臺業字五三三七號
發 行 人：彭　正　雄
發 行 所：文　史　哲　出　版　社
印 刷 者：文　史　哲　出　版　社
臺北市羅斯福路一段七十二巷四號
郵政劃撥帳號：一六一八〇一七五
電話886-2-23511028・傳真886-2-23965656

定價新臺幣三八〇元

中華民國一百零一年（2012）六月初版

ISBN 978-986-314-033-7　08269

名家推薦序

池塘春草

琹　涵

我在暮春時節，讀你的文稿和攝影作品，真是豐富而美，沉靜裡充滿了生意和雋永，多麼令人驚嘆。

那是宛如春日的池塘，有芳草萋萋。且看白雲緩緩的行過天空，留下了密語，而我知道那是祝福。……

我先認識的，不是你，而是你的母親，她是個知名的散文作家，我稱她「席阿姨」。你們其實是很相似的，一個走文學創作，一個熱愛攝影藝術；你們都安靜，不多言語，卻也有所堅持；你們的內在世界都同樣的寬廣無邊，頗能自得其樂，只是尋常人難以一窺究竟。

你的母親很早就使用電腦，還有自己的網站，以她那樣的年歲，並不多見，也算是走在新潮流的前端了。聽說，那是你幫忙架設的。從處處，我看到你的心思純厚，心田善良，也孝順。攝影，是你今生的最愛，你用鏡頭書寫自己的人生，那裡面，有你最深的愛戀和最美的夢。

為了攝影，大學時，你讀了印刷學系，可以更深入的學習。為了攝影，你四處聽課，四處拍照，上山下海，只為了捕捉那美所帶來的深刻感動。你帶社團、寫專欄、又開課教學，讓年輕人能站在你的肩膀上，更快的觸及自己的夢想，無須繞路，不必徬徨。

你是如此的樂於分享對攝影的愛。

鏡頭裡，你其實訴說了更多，那是內在世界的披露，需要有細緻的心、靈慧的眼，寬闊的愛。

我從你的鏡頭裡更深入瞭解了你，沒有任何的障蔽，雲霧盡去，卻更清楚的看到了你種種的好，善良、謙和、上進……

池塘春草，那是春日的一景，卻也是你的攝影留給我的印象。

出版了這樣的一本書，是你所有心血的凝聚，你一定比任何人都要開心吧。

琹涵　一〇一年暮春

千般滋味在心頭

席裕珍

此刻，讀兒子的書，身為他的母親，真有千般滋味在心頭。

兒子的行事為人，一向非常的低調，見報的作品早已累積到超過出書量，他卻悶聲不響，自己把稿子整理好，釘成一本冊子，收藏在書櫥。有好多篇章連我們家人都不知道，真是，讓我們沒有更早分享到他出書的喜悅，這也跟他個性的靦腆有關。

如今，兒子出書了。兒子的作品，十之八、九談的都是攝影，因為他已近乎攝影專家了。

回想他第一次拍照，是在小學二年級時，學校舉辦一年一度的旅行，他向父親借了一台相機帶去，父親臨時教了他一下，從這麼小的年齡就開始拍起照來。

他一接觸了相機以後，就非常的喜愛，非常的專心，相機沒有再離開他，我覺得他天賦中有一種纖細的敏感，是屬於攝影藝術的。這個感覺是我看了他的書稿後才體會到的，因此，也讓我對他有著萬分的不捨與虧欠。

從小學二年級到現在，他的攝影歷程已經走過五十多年，比半個世紀還長呢。

早期，台灣還沒有學攝影的地方，也缺乏攝影書籍，又沒有人教他，因此全靠他自己摸索。好一段時候後，我看到他有一張放大的照片，在他房間裡這裡放，那裡放，放了很久，我看也看厭了。我想他攝影這麼多年，難道只有這一張相片嗎？我心裡嘀咕，但我不敢問。

兒子在家向來不多言，喜怒哀樂也不形於色。直到最近我讀了他的作品，才知道這張相片是他自學階段的得獎之作，我難過兒子為什麼不明說？這樣的內斂，竟讓我們在長久的延遲之後，才能給他熱烈的掌聲。

後來，他在國家圖書館找到一本很陳舊的攝影小冊子，開了一點竅門，興奮非凡，窺得相機裡的各種微妙關係，窺得攝影中變化無窮的有趣天地；就此，他用心搜尋所有的攝影書籍，用心的閱讀。後來，台北市出了一本「攝影雜誌」月刊，每月初他就跑去買一本，從不間斷，連續看了一百多期，可見他對攝影的喜愛程度。

因此，當他在新埔工專機械科畢業插班大學時，他選擇了文化大學的印刷學系，因為印刷學系裡有攝影課程，不但如此，他還跑到世界新專去旁聽攝影課，想來，對攝影，他真是情有所鍾。

起初，我們做父母的雖沒有禁止他玩相機，但並不怎麼鼓勵他，怕他太投入攝影會疏忽了學業，而攝影是一種藝術，如太專業以後依此維生的話，生活恐怕不太安定。後來他上了大學，家裡對他放寬了一點。

於是，他在家裡利用一間洗手間，佈置起沖洗照片的暗房來，那時候還只有黑白照片，如此一來，他從照相到照片出來，可以自己一貫作業，對照片要求什麼，成果要達到什麼程度，都操縱在他自己手裡，他非常快樂又滿意，而且在暗房裡還裝了冷氣機，那間洗手間又蠻大的，它可以隨時進去工作，溫度合適，場地夠寬，設備齊全，那真是他的一個快樂的小天地，因為他說暗房裡的工作，有深奧的技術和趣味，未操作過者是無法領會的。

攝影從黑白到彩色，相機從傳統到數位，兒子當然步步跟上。

有一次，我要拍一件靜物，他告訴我：拍人像要拍出這個人的氣質及神韻，拍東西要拍出東西的質感。拍風景要拍出風景的氣勢，他還說，拍照要有藝術的眼光、生活的經驗和人文學養，所以大家拍相同一張照片，但是結果必然不會相同。

近兩年來，他又喜愛收購各種牌子、類型的二手相機，約有三十多台，用來做研究和了解之用，這一個工作對他來說，又是興趣盎然，喜樂無窮。

他也曾說過，往往一張好的照片會使他感動，使他陶醉，使他滿足，這是攝影給他的最大回饋。

兒子對攝影如此地熱中、喜愛，把攝影看成和他的生命一樣的寶貝，相機是他最好的伴侶。我想：假使這許多年來我們多欣賞他一點，多鼓勵他一點，那麼他的攝影境界會更進步到什麼程度？或者會有更不一樣的成果？我真是默然無語。

新書問世後，將帶給大家對攝影的認識和喜愛，這也是我兒的心願和喜樂。

春花已盡，夏荷初綻，擱筆掩卷，我把千般滋味深藏在心底。

母親**席裕珍**　寫於二〇一二年初夏

鏡頭裡，我的夢和愛

目次

101 詩的情懷

大 地 之 愛

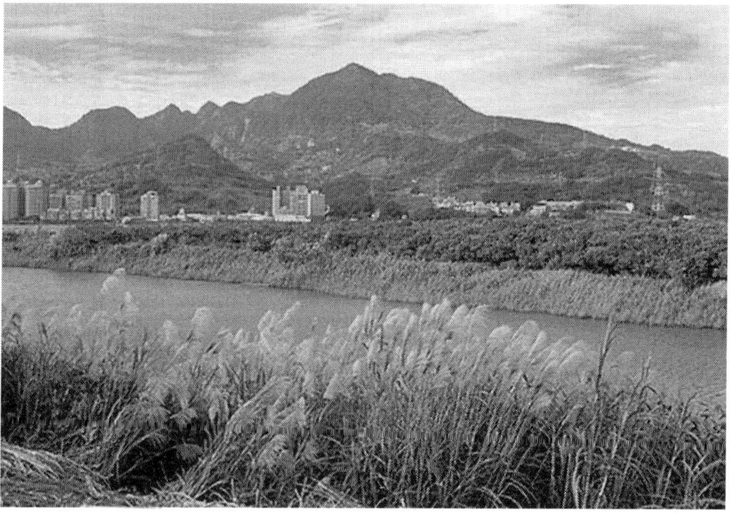

夏之雲

今年的夏天似乎特別熱，加上前些時候梅雨季的雨量又特別少，南部的農作物都受到了影響，當然，我們拍照的朋友在炎陽之下攝影也倍覺辛苦，深深體會到，一張好的照片，得來不易。

在台彎，比較美麗的雲景大都出現在夏季，事實上也不是每天都有，尤其在台北，真正佳景出現的機會，一個月往往只有三、兩天，或許是和都市的空氣污染有關吧！所以，從五月份開始，我就逐日留意，單獨獵取雲景，其目的在為一些單調的人像或風景照片，互相搭配之用，以便起死回生，另創佳構。

在這種構想之下，第一次讓我拍到的雲竟然是在台北的新公園門口，早上七點多鐘，風勢很強，雲的姿態層層疊疊，移動很快，我取出相機，裝上愛克發一百度的黑白軟片，把鏡頭焦距定在七十五米厘，光圈十六，速度五百分之一秒，沒有加任何濾鏡，結果所得到的雲反差雖不很強烈，但是層次豐富，儀態萬千，和這張雲景合作的另一張照片則是人像，攝於中正紀念堂的水池邊，背景是那座幽雅的拱橋，拱橋之後出現的鋼筋水泥建築物就不雅了，所以在暗房放大的時候，即將拱橋以上逐漸化淡，而將新公園拍得的雲溶入，似乎有人間仙境的感覺，如附圖一。

類似這種方法，我在淡水河邊、在自己家門口、甚至在西門町鬧區，都曾經拍過不少美妙的雲、華麗的雲、壯觀的雲，這種機會雖然不多，但是一旦碰上，我就不惜工本，各種角度，各種佈局，連拍幾十張，而廣角鏡頭、紅色濾鏡又往往是拍攝雲景的利器，可以把雲的變化，雲的氣勢，雲的場面，盡入那方吋軟片之中，如果遇到太陽露了臉，還可以再加上十字紋鏡，使陽光呈交叉散射狀，讓人感受到光影的效果在照片上所表現的力量，確實是發揮了攝影的特有功能。

圖一

圖二

附圖二、三，照片中的人物是在一次攝影會中拍的，由某舞蹈訓練班的學員擔任模特兒，地點是在國父紀念館四周的外廊，模特兒很稱職，自然的擺出了具有造形美的姿態，只可惜當時背景大部份是天空，白茫茫的一片，乏善可陳，於是我手持長鏡頭，坐在地上，相機仰角，遠距離，直幅拍攝，決定單取人的形象，打算以後在暗房中再套入由別處拍來的雲景之中，結果成績可算是不惡。

七月六日，我和幾位同學到霧社去拍照，從埔里往霧社的一段路，蜿蜒曲折，高度逐漸上升，在一個S形的彎道上，據說是以前我們山胞抵抗日本人入侵的一個關口，突然出現了一棵與眾不同的樹，為什麼說它與眾不同呢？因為在它四周幾十公尺內，沒

圖三

圖四

有一棵像樣的樹，只有小草，我就下車用二十八米厘鏡頭把現場的環境描寫一番，當然，那時候的天空平淡無奇，但是沒有關係，只要帶回家去，要雲有雲，要太陽有太陽，得到的照片就是附圖四，天地之間遠山近樹，太陽之偉大，小草之微弱，雲彩之絢麗，真使人佩服上帝創造大自然景觀之神奇。

在前面所談的複放暗房技巧中，有一點比較重要的，就是兩張底片的選用必須要有相近的光源情況，否則就會產生不真實的感覺，這是一種古老的、傳統的、卻也是很實用的製作照片的方法；七月十八日聽陳學文先生講評沙龍作品，談到光與影對於照片之重要，進而談到天空之不易拍攝，突然想到我的幾張拙作，回家後連忙寫了這篇文章，願攝影同好不吝批評和指教。

（刊於台北攝影月刊）

梅山景如繪

梅山，一個很美的地名，在那兒也確實種了許多梅樹，使人想到國花在寒風中飛舞的英姿。

但是，梅山一帶的風景，各個獨立，卻又相距不遠，於是成了踏青、尋幽、避暑、攝影的好去處。

如果有兩天或三天的閒暇，可以從容的到此地一遊，那些未經人工雕琢的山野情趣，令人賞心悅目，當然也是攝影者所追求的。

這一次同行的朋友，大多喜愛攝影，其中兼有腳程很好的登山客。

我們由台北出發，在斗南下高速公路，經斗六到嘉義縣的梅山鄉，從這裏開始，有一段坡度和彎度都相當大的山路，一共有卅六彎，呈S形上升，沿途可以看到各式各樣的果樹密植在山坡上，包括有橘子、龍眼、蕃石榴、百香果……等，在這個時節，纍纍的橘子就掛在路邊，令人垂涎。

梅山的水果是享有盛名的。

太平村是我們夜宿的地方，位處海拔一千公尺的高地，四周環山，雲霧低繞，冬暖夏涼。我覺得這裏的地形、民宅等景觀很像霧社，給人一種樸素、單純的感覺，晚上，我們在唯一的街道上閒逛，夜霧中，路燈一片朦朧，半山腰的三元宮顯得非常神秘而雄偉。

第二天四點鐘，天未亮，大伙兒卻興奮的在山莊裏忙碌著，準備登祝壽山看日出。

小巴士將我們送到登山口，接著踏上一千多級石階，清晨五點二十分，四周還是一片漆黑，大家已經守候在觀日亭，佈下幾十支三角架，「嚴陣以待」。

這時候，響導陳先生以不太純正的國語非常熱心的詳細介紹四周的地理環境，得知正前方玉山頂尖就是日出正確位置，這時候，天色由暗漸明，瞬息萬變，好山美如畫，依欄都是畫中人，就看您如何構圖，如何將此美景帶下山去。

與祝壽山毗連的風景區，另有「望風台」，可以烏瞰綠野萬頃的嘉南平原，變化詭譎的日落晚霞；「梅花道」遍植梅樹，全長近一千公尺；「百米峯峭壁」天然岩石頃斜八十度，驚險異常；「相逢瀑布」、「蓬運瀑布」、「萬坪石」、「仙人窟」等

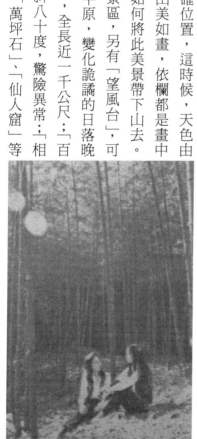

多處，不及一一詳述，可以說無論來此登山、健行、觀光、旅遊、度假、避暑，無不相宜。

拍照的朋友登山需要較常人更佳的耐力，因為攝影器材本身就相當重，所以此行正是訓練體力的好機會，途中，筆者藉此認識許多攝影前輩，獲益匪淺。

在太平村東側不遠處，「孝思園」中滿是修長的孟宗竹，陽光由翠綠的竹葉中斜射而下，景緻不亞於溪頭的竹林，隨行的模特兒努力的造像，美景當前，任誰也不願意放過，其中兩位攝影同好也放下相機，為大家配景，合作得相當自然（如圖），此照採用二十八米厘，向上仰拍而得，在此逗留了許久，相信每個人都獲取不少佳作吧。

回程的時候，車子在山腰間迴旋，迎著淡淡的山嵐，我們已經逐漸遠離這世外桃源，盼望下次再訪此地，該是梅花盛開的季節。

（刊載於大華晚報）

華岡天下秀

如果您落足台北市，只要是視野稍為好一點的地方，抬頭向陽明山，七星山方向遙望，就可以看到一處白色的建築物，位於半山腰間，幽雅脫俗，景緻絕佳，那就是華岡的華風堂——位於文化大學校園內一幢約八層樓高的藝術館。

筆者因為在此校就讀多年，平素熱愛攝影，因此想藉著取景的角度來描述「華岡」的風雲山色。

根據文化校史的記載，二十年以前的該址，是一片荒蕪的山岡，荊棘滿地，雜草叢生，蛇鼠橫行，而在二十年後的今天，它，已經儼然成為一座高樓櫛比、林木成蔭的大學城，這乃是經過多少人的辛苦耕耘，點點滴

28mm F11 1/250 sec

滴權溉起來的。

中國文化大學位於陽明山東部偏南，和紗帽山遙遙相對，海拔四百六十公尺，為全國「最高學府」，一般人稱此為「華岡」，如果我們面西而立，可見淡水河橫臥山岡之下，蜿蜒流入台灣海峽，西南方台北盆地的美景，也盡入眼底，真有振衣千仞岡，雄視萬里流的氣概，吾人知道一個大學之所以為大，第一是在方向正確，第二是在境界無窮，這兩點，文化大學都兼而有之。

然而，要介紹華岡的景色應從以下兩處著眼——一是瞬息萬變的華岡氣候，一是十足中國風味的建築外形；尤其是後者，愛好攝影的人士萬不可錯過。

新聞界前輩曾虛白先生說過：「飛臨中華民國復興基地台灣的空中駕駛員，必定選擇華岡頂上的中國文化大學做為識別的『陸標』，因為文大校舍具有獨特的外觀，古雅而輪奐。」

選一個晴朗的天氣，我帶著攝影器材，在火車站前的城中分局門口，搭上二六〇的公車，車子走陽明山線，在山仔后處左轉進入文化大學，而終點就在校園內，所以交通非常方便；每到星期假日，可以看到成群的年輕人，或是闔家大小來到這裏，在花叢中、在曲橋邊、在草坪上嬉戲、野餐，攝影留念。

下了公車，我沿著百花池畔緩步，在這裏，經常可以看到攝影者與模特兒的蹤跡，原來文化大學本身就是充滿了藝術氣氛的殿堂，其中新聞學系、大眾傳播系、印刷學系等都開有攝影的課程，它培養了無數的攝影工作者，而與文化大學相鄰的華岡藝校，更是培育出色藝者的搖籃；百花池的兩側，分別是大仁館與大義館，前方是早期落成的大成館，後方是學生活動中心大恩館，四座建築造形各異，無論登上其中的任何一棟高樓，都可以發現；大小曲池被擁在中間，假山石橋、噴泉湧珠，水木清華，意境甚佳；由此樓看彼樓，當然又有不同的景象。

要從校園內拍攝華岡的風景，廣角或標準鏡頭是有利的工具，背著相機多走幾步路，往往從遠處看，或是從高處看會有出人意表的構圖；攝影，是易學難精的藝術，華岡有三十六景，都不是尋常的角度所能輕而易得，它帶給攝影界人士莫大的考驗，筆者眼高手低，雖努力探索，亦難窺其全貌。

28mm F8 1/125 sec

50mm F5.6 1/125 sec

華岡校舍的建築絕大部份具有紅牆綠瓦，或是飛簷尖頂、崇樓疊閣，這些都是在台灣所獨有的景觀，華岡，不但是一個擁有兩萬學生，佔地一百五十公頃的大學，而且已成為中、外聞名的觀光勝地，無怪乎人稱「南佛北文」，意指外人來台觀光，在南部要看的是佛光山，在北部則必遊文化大學。

穿過大恩館，就可以看到斜靠在山坡上，臨風玉立的華風堂，它樓身六層，白色，簷頂兩層，黃色，遠看秀麗，近觀則極其雄偉，是全校師生大型集會的所在。

當雲層低降，濃重的霧氣在腳下流動，整個校園若隱若現，華岡得天獨厚的自然氣息，令人喜愛，然每當颱風季節，大風湧起之時，榮民伯伯要為每一棟建築的玻璃窗外釘上密不透風的木板，那種辛勞與煩複的工作，令人難以想像。

華岡的成長歷盡萬難，而華岡的維護也著實不易，我們在攝影取景的一刻，想到華岡的精神——質、樸、堅、毅，如何將之灌注在作品之中，實蘊涵著無盡的哲理。

（刊於台北攝影月刊）

雪・山・去・來

登山，是一種非常好的戶外活動，尤其是登大山，而有小天下之感，可見山之雄偉、壯闊，會令人產生征服的欲望。

每次看到登山的朋友，足登厚履，肩負大背包，就使我不勝敬畏，覺得登山是一種毅力和體力的考驗。

沒想到這一次我也買了一雙登山鞋。背著十一公斤的隨身用品（常然包括攝影器材），登雪山去也。

九月的雪山不見雪，卻益見山之靈秀。這一次我參加了台北市攝影學會舉辦的登山攝影隊，體會到山岳攝影的樂趣，實不亞於人像或其他的攝影。

雪山位於台中縣境，與武陵四秀、桃山等相鄰近，高三千餘公尺，山勢層層而上，雄偉與秀麗兼而有之，是攝影的好題材。

登山因為要攜帶相當多的東西，如備用寒衣、糧食、炊具、水壺等，所以照相機就要選擇輕便者，而其他配件也視需要而攜帶，譬如拍彩色片可準備一只偏光鏡，拍黑白片可準備黃、橙色濾鏡，鏡頭方面，以二十八、五十、一三五米厘為常用，體力好的可另備三腳架，而我這次僅帶二十八至八十米厘變焦鏡一只，機身兩部，亦覺遠攻近守，無往不利。

我們全隊四十人由武陵農場進入雪山登山口，按照計劃前進七公里，攀高六百餘公尺可達七卡山莊——這是歇腳夜宿的地方；第二天清晨三點夜登雪山東峯，行程也有七公里，高度上升八百公尺，這一段路都是碎石或泥土的登山小徑，攀行相當辛苦，但是山野景緻甚佳，一一呈現在眼前，讓我們盡情的飽覽。

我認為山岳攝影首重構圖與光源，疏忽構圖則破壞畫面，光源不佳則氣氛大減，我們所看到的山有遠近、樹有大小，所以在攝影構圖上，宜將前後景安排在適當的位置，這種位置的安排不像畫家可以隨心所欲，而要實際從相機的觀景窗察看攝影的角度，因此既登山又攝影是相當累人的，好在雪山的樹長相都很好，環繞在雪山的景也都各有妙姿，使我們拍得盡性，覺得不虛此行（如附圖）。

在光源方面，風景攝影的光源最主要的就是

太陽光，光線照明的強弱和投射方向，以及投射方式的不同，都能給予環境不同的面貌，拍出來的照片，效果自然大相逕庭；我們半夜三點從七卡山莊出發，一直到早晨八點由雪山東峯折返，光線由暗而明，變化甚大，我盡量利用側光或逆光角度攝影，使前景的主題有清楚的輪廓，尤其逆光拍攝清晨羣山的薄霧景色，可使霧的氣氛顯著，唯一要注意的是不可讓光線直接射入鏡頭，以免產生霧翳的現象。

東峯頂上的視野相當良好，走到這裏便覺得應該抖落一襟凡塵，以坦蕩靜謐的心情，與莊嚴雄麗的大自然晤對，我踞坐峯頂，雲霧如海波，遠山若仙島，盡收眼底，此情此景，雖然只是片刻的停留，卻使人難以忘懷。兩天的雪山之行，天朗氣清，帶給我們行動上莫大的方便，當然，每一位同行的隊友也都大有所獲，包括心靈的陶冶和攝影技藝的磨鍊；朋友，走向高山、走向海邊，同享大自然間的樂趣吧！

（刊於大華晚報）

編者按：自攝影專欄推出以來，收到很多讀者精彩的作品與經驗談，這是一個相當有意思的話題，唯一些讀者再三強調他們僅僅是攝影愛好者，談不上是專家，為此自本週起攝影專欄為所有愛好攝影者增開「拍寫欄」，歡迎賜稿。

「拍寫欄」完全由讀者執筆，取材內容不拘，作品圖文必須相關，照片黑白彩色不限，來稿一經採用稿酬優厚。

秋景·秋情

每逢深秋滿山滿谷的蘆花，使人意識到一年又將過去了。喜愛攝影的朋友在這一年當中是否有什麼收穫呢？趕快提起您的照相機，莫讓時光悄悄兒溜去。

蘆葦本身就是很好的攝影題材，朵朵蘆花，如粉頸低垂的少女，嫻靜幽雅，每當微風輕拂，那柔弱的枝條隨風搖曳，欵擺柳腰，風情萬種、婀娜多姿。

秋日的黃昏，我登上林口的山徑，西風落照中，但見蘆葦與夕陽輝映，一片秋光山色，沒有一絲凡塵俗念，沐浴於大自然的懷抱，透過相機仔細的佈局，一抹斜陽、浮動的蘆葦，盡入方寸軟片之中。

在回程的路上，踏在自己的影子裏，下望暮色中的台北市，雖是我學習、成長的地方，應有懷鄉的情懷，但是沉醉在此秋情、秋景的忘我境界，誰不想留住這美好時光，永不歸去！

（刊載於台北攝影月刊）

200mm F5.6 1/1000 sec

夜登雪山

黑色的天幕，罩著大地，萬籟俱寂，而山中的年輕人卻興奮的在準備早餐，半夜兩點，都市裏的人好夢正濃呢！

往東峯的路上，四下裏圍擁著山，遙遠的足下，閃爍著二三微弱的燈火，那是武陵農場，除此而外，就是一片沉默的黑。

七公里的腳程，山勢漸高，而氣溫愈寒，我踏著隊友的足跡，夜行，手電筒照著碎石和泥土，沒有聲音……

二三星斗落於胸前，看到流星是要許個願的——希望拍幾張出色的雪山晨景，帶回去。原來她是攝影愛好者，登山攝影，別有雅興。

越過山巒，爬上「哭坡」，接著是一片森林區，

路雖難行，終要克服，它，通向夜的盡頭。

東方的天際，現出了乳白，漸橙，漸紅，大塊的紅染遍了天際，太陽，是跳出來的，它告訴大家，又是一天的開始啦！

我踞坐峯頂，逆著陽光下望，一片蒼茫，山嵐緩緩蠕動，朦朧中浮現著遠山，此情此景，壯闊了胸中情懷，解我輕愁煩緒，在這峯頂上，在這雪山之晨。

（刊載於中央日報）

美與大自然同在

當我收拾好暗房裏的工具，準備就寢，已經是深夜兩點鐘，這一次參加攝影旅遊活動，從高雄趕回台北，雖然時間已經很晚，但仍然連夜把拍完的底片沖出來，才放心的鬆了口氣。

五月十四、十五兩天，隨著一夥同好南下攝影月世界、藤枝兩地，後來因雨而取消藤枝，改行美濃，如以性質來區分，這次攝影題材的內容包括風景人像和紙傘技藝兩類，前者我完全採用黑白負片，後者則利用彩色正片拍攝，並將黑白人像擇要藉本刊披露，筆者才疏藝不深，尚祈先進們不吝賜正。

說起這一次攝影行程，在時節上可算是相當冒險，因為梅雨季已經開始，而且就在我們出發的前兩天，南部還下過大雨，雨後的月世界窪地還不至於積水，但已經是處處泥濘，一趟月世界走下來，每一位同好的皮鞋都沾滿了泥巴。

好在拍照的時候並沒有下雨；午後三點鐘，陽光時隱時現，斜射在稜突的山脊上，顯得層次分明，老天爺算是很幫忙的。

幾個彎轉進月世界的深處，今天的遊客本來就非常稀少，這時候更是沉靜，在寸草不生的灰色土質上，四下裏聽不到蟲鳴鳥叫；人聲，打破了靜態的平衡，月世界突然顯得活了起來。

我想，上帝真是偉大，創造了人類，也創造了月世界，而我們又何其幸運，享受到如此精緻的傑作，而且還將之擁為己有一一納入方寸軟片之中。

回想這一段拍攝過程，我幾乎只使用一支二十八至八十毫米伸縮鏡頭，機身加上了捲片器，機動性堪稱無慮，兩個小時共消耗七十四張軟片，拍盡了自己想要拍的鏡頭，相信同行的朋友亦莫不如是。

這一次隨行的模特兒，她們似乎很有經驗，自動變換著姿勢，每一個優美的動作，都激起一陣急雨般的快門響聲。

接著，有人提議更換背景，於是大夥兒繼續往裏面走，踏過一處甘庶田，仍是一片荒蕪之地；忽然間，模特兒一腳踩進泥沼，一時不知如何是好，她背向著我們，一切是那麼自然，大家都不約而同，舉機拍攝，這可說是意外的收穫吧！

我覺得，拍人像半身照比特寫還難，全身照則更不容易，因為除了臉部的表情以外，四肢的妥善安排並不簡單。人像攝影在不經刻意擺飾下，動作往往會顯得自然生動，在模特兒隨意行動中，我不忘視機而拍。最後幾張照片是在陽光出現時逆光完成，髮絲鮮明，而模特兒的動作和表情都很活潑，使每一位朋友都覺得滿載而歸，不虛此行。

這一天晚，我們借宿在旗山馬神飯店，踏進旅社，頓覺一身疲累，一天下來，車行勞頓之外，攝影，又何嘗不是很辛苦？然而，當我想到作品的出現，那種欣慰滿足的感受，這一切代價，似乎都有了補償。

（刊載於中華攝影週刊）

雪山東峰

雪山東峰，日治時期名為次高東山，為台灣知名山峰，也是台灣百岳之一，排名第七十三。

雪山東峰高達 3201 公尺，屬於雪山山脈，行政區劃屬於臺中市。雪山東峰位於雪山主峰往東突出的支稜上，與武陵農場連結，由此起登雪山，稱為雪東線，里程最短、天數最少，是登雪山的登山客想要上雪山頂的主要路線。

上雪山的路線非常多，但東峰線是較為大眾所利用，而且最為輕鬆的一條路線，在此路線上有七卡及三六九兩座大型的登山山屋，各可容納百餘人；沿途有哭坡、白木林、東峰看日出，攝影題材絕佳，在欣賞大自然美景的同時，更可發現大自然的奧妙和偉大。

一抹陽光下的林口

我在三十年前第一次來過林口，當時林口才剛發展，給我比較深刻的印象是在一片高高的黃土上拜訪過醒悟商專、軍隊營區，好空曠，好荒涼，其他似乎什麼也沒有。

昨天再一次從高速公路駛進這一片片新豎起的高樓大廈裡，才驚覺林口已經搖身一變成一個新興的都市。從文化一路轉進中山路，車開到盡頭，映入眼簾的是山間小路，國際獅子會會旗迎風飄揚，引領我進入休閒登山的意境，沒想到在快速開發的林口，頂福巖森林步道，還保有一片山林野趣，可以讓我用力呼吸……

一抹陽光下的林口韻致，展開舒適愉快的健行活動，數百位獅友們齊聚一起登山，途經小橋、流水、土坡、林間小徑……

有的攜眷同行、有的還帶家犬隨行，工作人員則熱心的準備毛巾飲料、冷熱點心、摸彩獎品、……不知不覺中，已是走得滿頭大汗，於是停下來一起用點心，那真是溫馨和諧又令人難忘的半日遊。

楓樹嶺楓葉情

一個秋天的週末下午，我坐在小木屋的陳舊沙發椅上，凝視窗外……漸濃的秋意，樹葉隨風飄落，丘陵起伏的馬路上，可以看到騎馬者在悠悠地前進，尾隨其後的汽車司機絕不會按喇叭催促。街道兩邊，是濃密的樹林，隱身在樹林後面的是一棟棟木造的深宅，它們數十、百年來就那麼沈默無語著……我靜心凝神，來感受這個楓葉國度的美。

路上行人稀少，在這裡，你一個月看到的人也不及在台北一天所看到的人那麼多，寧靜，凝固了歲月，你可以在這鄉間小路上散心踱步。當先人的古風遺韻偶然隨著楓葉灑落在肩頭，微妙的感覺就隨之而來，空氣中飄浮著溫文爾雅、內斂閒靜的氣氛。

在溫哥華，傳承了英國人熱愛園藝的民風，居民愛花，不只

楓樹嶺〈Maple Ridge〉位於加拿大溫哥華（Vancouver）以東約一個小時車程，至今仍保持著鄉村城市的風貌，那是我曾經落腳的地方。

是一種嗜好，簡直是一種狂熱。家家備有割草機和水管，地上種著、牆上掛著、陽臺上擺著、街燈柱上吊著的都是各式各樣的花，從五月到十月，鬱金香、海棠花、繡球花、玫瑰花……一批接著一批。當然，楓樹嶺也傳承了這種傳統，家家戶戶注重環境景觀，庭院美化而且沒有圍牆，好像是要互相競賽，比美，在這裡，你不必到什麼風景區，幾乎任何一個角落都有好風景。

楓樹是加拿大的國樹，楓葉是加拿大民族的象徵，所以加拿大享有「楓葉之國」的美譽。每年到了九月底，葉子便漸漸地轉色變紅。我曾有幸在九月到十一月之間，停留在溫哥華楓樹嶺三個月，親身感受當地楓葉由綠轉黃，變紅，飄落，每天都有不同的顏色、不同的風情，最後看到飄落滿地的楓葉，然後每當車子開過，地上的楓葉就隨著車尾巴飛舞起來……那一幕電影裡看到過的畫面，真美，令人驚歎大自然的美妙。

加拿大人民崇敬楓葉，加拿大白底長方形國旗中央，就有一枚紅豔豔的楓樹葉，楓葉成了國家的標誌。據說，在一八六〇年英國查理斯王子訪問加拿大時，人們就用火紅的楓葉點飾歡迎王子的光臨。在加拿大日常生活中，楓葉圖案，到處可見。加拿大人民特別喜愛楓樹，他們不僅把楓葉的圖案作為國旗，在書刊、建築物、用具和商品上也常常可以看到楓葉圖案，因而加拿大也被稱為「楓葉之邦」。回過頭來看看我們的國花——梅花，梅花的圖案曾經出現在哪一個場合？我似乎沒有很深的印象！！

「楓樹嶺」這個地名，它說明了這地方就是一個聚集楓樹的高地，楓樹是加拿大國樹，楓葉是加拿大民族的象徵。每年入秋，加拿大的城鄉、集鎮、村落、原野、丘壑……，處處是艷麗的紅楓。放眼群山，更是千木盡染，萬山遍紅，如詩如畫，美艷無比。

溫哥華這個城市，有的地方宏大而壯觀，非常現代化；有的地方則靜謐而美麗，像楓樹嶺就是，楓葉，更展現了它的魅力和浪漫。加拿大地廣人稀，最近五十年，除了歐洲人，許多亞洲人、拉丁人和非洲人都想要搬遷到這裡來定居。如果說近鄰美國是「文化的熔爐」，把不同的文化融成了一種文化。加拿大就是文化的大拼盤，各種文化擺在一個大籃子裏，同時包容了各種文化的鮮明特色。它也是許多台灣民眾嚮往的地方……

到加拿大旅遊的最佳季節是九月到十一月，在這段時間可以體會加拿大特有的清涼夏季和楓葉般豔紅的秋天。台灣來的賞楓團，非常熱門，但行程短暫，七天到十幾天的行程，往往彈指一瞬間，還沒來得及細細體味，就得踏上歸程。在加拿大，一般遊客都會買了許多楓糖漿、楓糖巧克力和楓糖餅乾，或是買一件有楓葉圖案的衣服，所有的禮物都與楓葉有關，這就註定了帶回家的是滿滿的楓葉情。

楓葉是加拿大的象徵，也是他們的驕傲，隨處可見以楓葉為 LOGO 的獨特設計，從工廠企業到生活用品，無不例外。楓葉或是與楓葉相關的禮物是送給親朋好友絕對不會出錯的選擇。

加拿大素有「楓葉王國」的美譽，加拿大境內多楓樹，每到秋天，由東部到西部，有如潑墨般將大地塗上彩妝，處處可見楓紅以及金黃色的樹葉。滿山遍野的楓葉或呈橘黃，或顯嫣紅，讓人看了不禁留下讚美的驚嘆號！！

在這裡，我曾經很驚訝許多百姓在庭院或陽台懸掛加拿大國旗〈因為在台灣似乎沒有在家中庭院掛國旗這種習慣〉，在風中飛揚舒展，正中央的楓葉，更是加拿大人的驕傲。楓樹不但遍佈加拿大，點綴著處處山脈，歷史上它還曾為加拿大的開發，立下了功勞。早期的歐洲移民，曾經靠楓子熬過了無糧、無肉的日子，靠楓枝取暖、煮食，他們也大量用楓木做傢俱、建房屋。在一八六二年，麥基爾大學校長 **Dawson** 建議以楓葉作為加拿大的象徵，「象徵著一個新興國家的活力和能量」。

秋天的加拿大，尤如俏麗的孔雀開屏。秋風採摘的片片楓葉，像彩蝶在半空中飛舞，又輕輕的撲落地上，一層又一層，頓時幻化成一塊無邊無際，色彩斑斕的天然錦鏽地毯。

如果有機會，你一定要去拜訪世界上最適合人類居住的城市——加拿大的溫哥華，去這個美麗的海岸城市吹吹太平洋涼爽的風，去曬曬北美洲炙熱的陽光，去體驗一下這個移民城市的多元文化，看看野鹿、松鼠、海鷗、大雁、鮭魚，欣賞一下每一處社區公園化的做法，當然囉，更值得細細品味的是——楓紅之美！

海 天 遊 蹤

探訪基隆嶼

不知你來過基隆嶼嗎？

如果你沒來過，那太可惜了，來到這裡你可感受到一股莫名的清新；因為這裡有山，有海，但是沒有街道，住家、商店；我想你來過基隆，可能去過和平島，從和平島向大海看去，可看到一個小島，可別說那是龜山島，雖然它的外形有點像，這個小島的名字叫做「基隆嶼」。目前，基隆嶼已部分開放了，可以從事島上參觀。

至於要如何去呢？

交通資訊

自己開車，到了基隆，往東北角的濱海公路（也就是往海洋大學）方向開去，過了海洋大學，再一兩 分鐘，你就可以在左手邊看到一個漁港，那就是「碧砂漁港」。從碧砂港搭「氣墊船」到基隆嶼島上參觀，限白天登島不得過夜。

從濱海公路遠望，近在呎尺的基隆嶼，這是距離台灣本島最近的島嶼，從碧砂漁港乘船到基隆嶼只需要 15-20 分鐘，如果從基隆的小艇碼頭出發也僅約 20-30 分鐘左右，你可選擇從碧砂或小艇碼頭出發。

台灣北部的海上島嶼地標

基隆嶼位於基隆外海約 6 公里處，這是一座火山島，該島面積含潮汐地約 26 公頃，東北到西南最大長度約 960 公尺，寬約 400 公尺，最高點 182 公尺，島嶼四面都是山崖狀，約有百分之九十的坡地坡度都在六十度以上，可見其山勢相當陡峭，幾乎沒有什麼平地。由於受季風及海浪衝擊的影響，島嶼四周隨處可見海蝕溝及岩礁，島上的植物也因地質、風力及水資源的缺乏等因素，使得植物生態呈典型的海島型植物。基隆嶼的海域，還是有名的磯釣場，在這裏可發現的魚類據說有三十餘種之多。

民國八十二年，基隆市政府開放遊客登島參觀，因為基隆嶼以地景見長，島嶼不大，腹地也非常有限，島上遊憩設施只有步道和涼亭，民國 85 年闢設架高的木棧海濱步道，基隆市政府前年起陸續進行碼頭附近長 150 公尺的南側步道、碼頭後方長 50 公尺的後線步道，以及通往基隆嶼燈塔的登頂步道。

北台灣最佳的火山地質公園

地景豐富的基隆嶼，在地質專家眼裡，是北台灣最佳的火山地質公園，島上有豐富的安山岩和板狀節理地形，尤其是安山岩隨處可見，成為基隆嶼島上最大地景特色。基隆嶼海蝕景觀發達，在回程的時候，船長開船繞基隆嶼環遊一周，我們可以看到東北方為峭壁，海蝕洞和岩礁地形。

長期為軍事島嶼的基隆嶼，沒有淡水，也沒有居民，島上唯一的人文資源，是位於全島最高點黑白色調的基隆嶼燈塔，以及另一個日軍士兵殉職碑，是紀念楠田上等兵在島上施作工事時不慎失足而殉職。還有就是兩座土地公祠。

沿著碼頭通往海濱步道走去，山洞區的岩壁縫隙和洞穴內，常常見到四腳蛇卵。島上植物尤其豐富，春夏之際，滿山遍野的野百合，為基隆嶼贏得「百合之島」、「基隆飛雪」的美名，榕樹在基隆嶼更是最常見的優勢生長植物。

當秋冬季節，東北季風狂吹的基隆嶼，使得大量生長的榕樹形成特殊的「風剪地形」，山蘇就躲在榕樹下生長，讓人讚嘆植物聰明的生存之道。基隆嶼還有族群數量多的白花蠅子草、天南星、風輪花、林投等。秋季則可賞金花石蒜。

攝影觀點

基隆嶼四周皆為峭壁，天清氣朗可見火山島之氣勢，晨昏時其隱約外形更顯神秘感及飄渺，尤其現在夏季到了，搭乘船造訪基隆嶼，可觀賞壯觀的島嶼景觀。

至於從島外看基隆嶼，從基隆至東北角及北海岸線都可看見基隆嶼的氣勢，也因在陸地上觀賞位置的不同而有所改變。

據說從和平島公園遠眺基隆嶼最美、視野最為寬闊，尤其早晚更顯得其朦朧與神秘感。其狀似浮游在海面上的母鯨，小鯨依偎在後，面朝東北遊向太平洋，又像風帆船隨風載浮，它優美的外形以及島上峭壁之高聳雄偉，使它擠身於基隆八景之一。

如果要遠觀基隆嶼，在外木山欣賞基隆嶼

的日出是滿適合的，遠近適當，日出點剛好在基隆嶼附近。天未亮的凌晨四點半，外木山海岸經常已站滿了攝影愛好者，無數腳架與相機望向外海等待著。

因為數位相機的普及，讓攝影一躍而成為顯學，人手一機，不再屬於小眾玩物；相機的普及，相信一定可以帶動技術的提昇，讓愛好攝影的同志有興趣來開發「基隆嶼」這美好的攝影天堂。

嘉義山海二日行

網寮漁港

獅訊月刊精心安排了一次旅遊研習活動，成員一行共三十八人，於三月二日、三日進行嘉義山海二日行，暢遊東石漁港網寮養蚵場、阿里山奮起湖大棟山健行。

網寮漁港位於嘉義縣東石鄉網寮村，北有東石漁港，南有布袋漁港，是一個典型之漁筏漁港，我們所搭的觀光漁筏，由當地蚵筏漁船改裝而成，以慢速度悠遊前進，駛向內海，約一個多小時航程中，海面散布的蚵棚、飛渡的鳥群，零星點綴在狀似溫柔的平靜內海。艙內船長助手口音鄉土地解說著東石港景致。

望向大海，海面上星羅密布著蚵棚架，灰濛濛的海色中，隨潮水起伏的蚵棚，據說每年五至十月的盛產期，全台灣市場上約六十％的蚵仔都是來自東石。蚵仔養殖包含水深一至二公尺的平掛式，與深達六至十公尺的插蚵式，水愈深養殖期愈長，肉質自然愈好。只可惜我們乘船當天，沒能見到蚵農採蚵的生活景觀。

筆者發現，船東發動漁船引擎，帶著三十八位遊客，航向茫茫大海，沒有指南針，也不需要衛星定位系統。方向，就在他手中所握的這個方向盤上，真是神奇。在一望無際的外傘頂洲內海裡，除了蚵架，還是蚵架，靠近一點觀察，發現都是孟宗竹所搭建而成的。因為這裡海潮對流旺盛，適合養蚵。但是導覽員說：夏天颱風、冬天北風來了，風浪大，養蚵變得更吃力，都會有損失。

要蘊育出好吃的東石蚵，就必須有乾淨的海域，但微生物又要豐富，這一帶海域經檢測屬於難得的海域。第一天我們在網寮養蚵場採買二十斤現採蚵ㄚ，當晚加菜大啖美食，配上德國冰酒，真是人生一大享受。

晚上進宿嘉義龍頭梅園樓，第二天清晨起床，才發現落地窗前露台景觀奇佳，正對著日出位置，晨曦灑落窗台，感覺無限美好。

前往奮起湖大棟山健行訪幽

奮起湖，自然純樸，阿里山區後起之秀，位於嘉義縣竹崎鄉中和村，因東、西、北三面環山，形狀有如畚箕，故舊名「畚箕湖」，名字似乎不雅，改為「奮起湖」。原為森林工作站，景色自然天成，逐漸發展成觀光風景區。也是阿里山鐵路必經之地。近年來已成為阿里山地區極具潛力的新觀光點，在這裡，我們看到了導覽員特別介紹的「四方竹」，摸一摸，會有好運道哦！

以奮起湖聚落為中心放射狀散出三條路線，其中大凍山線，遊完全程需五小時，半程二至三小時。在這裡，我們徒步行經翠竹坡，一大片的孟宗竹林，接著是俊秀挺拔的杉木林，又經靈岩十八洞，位於霹靂山腹，因地殼變動造成許多裂縫山洞，人入其中，有時更需側身而行或攀爬移動；流星巖明月窟，是一座傾斜的山壁，岩面變化萬千；盡處即明月窟，是大片潔白如玉的大岩壁，柔媚奇麗。

在健行之前，導遊小姐就一再叮嚀，此行要堅持到底，不得中途放棄，因為我們是不走回頭路的，遊覽車在前端等我們。大家走得兩腳酸麻、膝蓋發抖，許多地方路況傾斜、狹窄，大家手牽

手、或側身、或彎腰，才得走完這一段路，最後終於出汗了。終於到了休息站，適時一杯好茶竟是這麼甘甜止渴。

值得一提的是，兩天來，餐餐豐盛無比，多位同行者及前輩還贈送各種美點，和大家分享；當然，一路歡唱快樂的歌聲豐富了我的心，回程路上，筆者欣然接受社長的吩咐，提筆撰稿，特為之記。

淡水緣道觀音廟

休閒、養身的另類宗教生活

佛乘宗世界弘法總會暨財團法人佛乘世界文教基金會，為成就台灣佛法聖地，並紀念佛乘宗第二代祖師「緣道菩薩」，一九九七年選中淡水鄉間丘陵地興建「緣道觀音廟」，並於二〇〇〇年竣工，近年來接引廣大有緣眾生，包括日、韓、中國大陸、西藏、尼泊爾、美、歐等全球各地出家眾及在家眾，廣為參訪大德所讚嘆。

興建多年的淡水緣道觀音廟，位在淡水鎮安子內，包括地下一層及地上四層，樓層雖然不多，規模卻很宏偉，為仿唐式的木造建築，外觀以木材為主，在整個山谷間透露出自然古樸的感覺。建築主體採鋼骨鋼筋混凝土構造，在山坡地並興建將近兩百公尺的懸臂式擋土牆，可確保不受強震及天然災變的影響。

淡水又多了一個假日休閒踏青的好去處。

就算你並非佛教徒，這裡同樣值得造訪，因為區內除了一樓的參拜大廳、二樓的讚嘆舍利、四樓大廟講堂及頂樓的抱月挽星觀景台外，三樓為咖啡館，五樓是彩虹天藥膳餐廳，還有戶外休閒區，包括了瀑布、小橋流水、水塘、草坪步道、觀音石雕及日式庭園。

參訪緣道觀音廟，首先映入眼簾的，是氣勢磅礴的水牆，以及恢宏古樸的山門矗立於前，設計頗有創意，讓人的第一印象很深刻。山門高將近八米，據說採用婆羅洲「鐵木」為樑柱，有百年不壞、不被蟲蛀的特性。而「水牆」更有特色，白天是水濂飛瀑，夜晚結束開放後，不銹鋼柵欄升起，就變成為守護緣道觀音廟的「銅牆鐵壁」。

緣道觀音廟的規劃，戶外為休閒區，景點有臥佛弘法、三十三尊觀音石雕散置園中，森氣步道、茵茵草坪、水濂飛瀑、小橋流水、香草花園等景觀，慢步其中，令人心曠神怡、身心舒暢。

主建築物很像日本的寺廟建築，也有人說是仿唐代建築。一樓的參拜大廳，供奉有大自在王佛暨觀音、文殊、地藏、普賢四大菩薩，及韋馱、伽藍二大護法菩薩，具有求財、求子、祈福、科名、顯達的含意，大廳右側則供奉緣道菩薩〈佛乘宗第二代祖師〉。佛像皆以純銅鑄造，其中觀音大自在王佛高達四二九公分，四大菩薩高三四八公分，至於二大護法菩薩，則高一五四公分。

緣道觀音廟提供獨有的「十全十美香」，供佛香、感情香、健康香、平安香、貴人香、孝親香、子孫香、功名香、財運香、事業香，每一束香都是由佛乘宗李善單導師開光加持過，參觀者可依香的種類，分別於騎龍觀音、千手千眼觀音、文殊菩薩、地藏菩薩、普賢菩薩座前上香祈福，以遂心願！

這小玩意可算是創意佛教，推出至今，求者甚眾，假日均吸引百千人潮大排長龍，反應熱烈。

「緣道觀音廟」位居淡水山坡丘陵地，天氣好的話，西向可遠眺台灣海峽之落日餘暉，與海天一線之美景；向東邊，則可看到大屯山脈，群峰盡入眼底，美不勝收。

三樓是優雅的歐風設計，及四面皆可遠眺山林風景，窗明几淨，讓人感覺無盡的悠閒。咖啡雅座、和風雅室，可以冥思、談心，也可以兼做會議室，設計匠心獨到，具見用心。熱飲，皆以佛乘宗李導師開光的「福慧淨水」沖泡，值得細細品味。……點心、三明治、潛艇堡、冰沙……在緣道觀音廟照樣提供。

五樓的彩虹天，是座洋溢著夏威夷風情的露天庭園；在夏天，有加持過的各式美味「福慧冰品」可供享用。到了冬天，則有獨門「素食養生藥膳」，你嚮往嗎？另外，還供應多樣化美食的「熊熊燒烤」、「歐式素食套餐」，小吃、精緻簡餐及港式飲茶……可供選擇。說得你流口水了吧！

緣道觀音廟的籤神準無比，年來已吸引台灣及全球各地民眾蜂擁而至！現場特設專人解籤，為求籤者指點迷津，令修者迅速消業、祈福，使所求之事更加順遂，圓滿如意。

來這裡過一天休閒、美食、養身的宗教生活吧！你會有全新的體驗。

淡水緣道觀音廟

開放時間：9：30 am.—9:30 pm.

地址：251 台北縣淡水鎮安子內 3 號

電話：（02）2626-9242

接駁專車：

民眾可先搭乘台北捷運（淡水線）於紅樹林站下車，出紅樹林捷運站正對面即是「菩提精進站」。

緣道觀音廟特設免費接駁專車站——「菩提精進站」，提供民眾前往緣道觀音廟，歡迎多多利用搭乘。

（刊於青年日報）

八里漁村攝影行

在這炎熱的夏天，雖然很熱，卻是攝影的旺季，放眼望去，各攝影學會的例行活動，促銷軟片器材的攝影比賽，或是百貨公司展示服裝的攝影會，以致於房地產生意的攝影「秀」……，太多了，甚至在同一個星期假日有好幾個攝影集會，讓喜歡拍照的朋友還要想想看，去那裏才好。

除了這些以少女人像為主題的活動以外，上星期四晚上，我看中視「掃瞄線」節目，其中李季準介紹鄉土生活的特色，報導淡水河邊的圍網捕魚情形，於是想到把自己在八里鄉拍得的此類照片，做一番整理，藉本刊一隅，介紹給愛好攝影的同好。

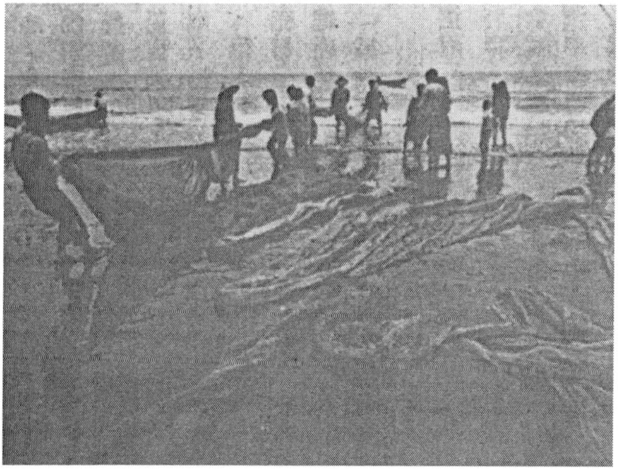

圖一

記得以前我是從竹圍方向到淡水攝影，如果我們換由三重市經過聖心女中，往八里行駛，沿看談水河邊，同樣有不少攝影題材。

往八里可以從三重行車，路況堪稱良好，也可由淡水漁市場搭渡船，則又別具情趣，若干時日以後，關渡大橋完工，交通將更為便捷。

八里一帶的居民，以漁業為生者佔了很大的比例，一路上房舍散置，建設比淡水緩慢，但是道路卻相當寬敞，微風吹來，可以聞到很濃的魚味，這就是八里鄉的特色。

這一次我是和服務於芝蔴設計攝影公司的好朋友蔡君一起去的。

圖二

第一個值得一提的地方是渡船口的守護神，這是一座上了年紀的廟宇，正在整修，台灣許多地方都有類似之處，就是有港口或泊舟碼頭，則常有廟宇，建築向著港口，百姓祈求神靈保祐來往的船隻，慈航廣渡，此處如果用一隻廣角鏡頭，是很容易取景的，這座廟雖然不大，卻頗有古意，油漆剝落處，猶可見其細膩的雕刻，牆柱和匾額上的題字，挺拔而秀麗，非一般匠氣之作；廟院中偶而飛下幾隻麻雀，將寧靜的氣氛點綴出生動的畫面。

從渡船碼頭往淡水河口的方向前行，就可以看到零星散落的小船，有些泊在河中，有些則靠在近岸，給人的感覺是逍遙恬適，未經人工安排，乃自然而天成的美景，殊不知，捕魚，也是靠天吃飯的行業，捕魚人，經常要在惡劣的氣候下和風浪搏鬥；收獲，是冒著危險，付出辛勞所換來的，其中，還得有幾分運氣，難怪他們努力工作之暇，不忘虔誠膜拜上蒼神明，賜給他們平安與豐收。

面對這錯落有序的河岸景物，用長、短焦距鏡頭取景都會無往不利，在一個寬敞而平坦的沙灘邊上，我們下車，帶著照相器材，走向正在忙碌工作的一群漁人。

讀者或許會感覺奇怪，捕魚為什麼是在岸邊，莫非「釣魚」不成！原來是這樣的——經驗老道的漁夫，或一人、或二人，帶著漁網，駕著一葉扁舟，駛往河心，憑藉他們的經驗，把網撒在魚群可能聚集的地方，這時候，小舟開始慢慢住岸邊靠，長長的網繩由船上遞到沙灘群聚的人們，不論是男、是女、壯漢、或是小孩，都捲起褲管，打著赤腳，

圖三

一起賣力的拖著漁網，遠遠看去，就好像是在拔河一樣，濕漉漉的沙灘上，可以聽到吵雜的人聲，而水中的魚兒就要被拉出水面了；這時候光線柔和，用廣角鏡頭攝取生動而多變的情景，可得豐富的層次（圖一），他們即將慶賀豐收，而我們又何嘗不是豐收呢！

透過裝魚的竹簍子，可以看到遠方捕魚為生的人們（圖二）：魚，終於露出水面了，銀白色的閃閃發亮，跳個不停，全是指頭般大小的「不拉魚」，這是做魚乾的好材料，看大家高興的樣子，正如李季準所說的——我們也分享了一份快樂。

我們回到車上，前行沒多遠就看到了這種小魚的加工場，馬路邊上的一間民房，門前放著幾個大木桶，裏面盛著滾燙的熱水，捕來的小魚就置於桶內煮熟，然後用竹器將水濾掉，接著就像稻穀一樣，在一旁的廣場上曝晒，男人做著比較粗重的工作，而婦女則幫忙照顧魚乾（圖三），他們無暇來看我們照像，似乎也很歡迎我們照像。

廣角，是很容易使用的一種鏡頭，一般人在攝影的過程中，往往先購買長鏡頭（包括我

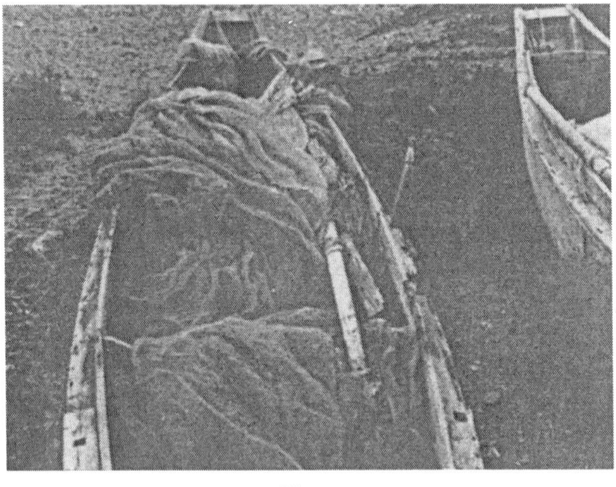

圖四

在內），因為它有望遠的感覺，拍特寫容易，然而擅用廣角者則發現眾多的場合使用廣角更為有利，包括遠近感的透視效果、速寫、對焦快捷等優點。

我們在八里鄉的另一處，又看到補網的漁民，以及拖上陸地的小舟，這些都是述說力很強的攝影題材（圖四），看來我們這次是不虛此行了。

台北攝影學會近一年來在舉辦活動方面不遺餘力，有著長足的進步，如果我們把攝影的目標稍為再放寬一點，避免多次舊地重遊拍攝人像，或許更能擴大吾人的眼界，充實我們的人生，不是嗎！

（刊於台北攝影月刊）

淡水行

淡水，是一個令人喜愛的地方，雖然它地區狹隘，交通擁擠，但是那河畔特有的風采，觀音山對峙，黃昏日落、潮起潮退、漁巷景色、廟宇古巷，使多少愛好攝影的人士拍不釋拍，從各種角度、各種層面，來介紹淡水，揭露淡水。

雖然淡水的照片不斷出現，但是好像有採掘不盡的寶藏似的，背著相機的人仍然絡繹於途，徘徊在那令人興起遐思的小鎮。

一個星期天的中午，筆者和兩三位同學、朋友聚集在家裏聊攝影、談器材，大家都是熱愛照相的同好，忽然興起黃昏到淡水拍照的建議，於是各人背了外影箱，攜了腳架，直往淡水工商專校，時間是下午三點半，

圖 一

圖四

圖二

圖五

圖三

而我們預計的目標則是當地附近的河邊沙坵、戲水的小孩、近岸的漁舟。

這一次我所帶的器材包括二十八至八十米厘、七十五至二〇五米厘伸縮鏡頭各一支以及愛克發黑白軟片；多年來，親身感受照相器材不斷的改良精進，實在是喜愛攝影者的一大福音，尤其常見高中學生手持康泰時、尼康，用變焦鏡頭、裝電動捲片器，令人羨慕，也說明了在台灣生活的富足與進步。

走下淡水工商的斜坡，馬路對面便是一個極小的泊舟小水灣，有人在此垂釣，我貯立遠眺，觀音山遙遙相望，景色絕佳，這時候正值滿潮，看起來水位很高，稍遠處堤岸的一角，突出繫船的圈柱，是很好的攝影構圖，忽然，出現一隻「靈犬」，頓覺畫面活了起來，接著狗跑開了，出現的是兩個小孩子，彎著腰，好奇的探頭看著河水，背景是明亮的天空，有些逆光，玩童的動作在變化，生動活潑，輪廓分明，於是我連續拍下數張，取景的焦距約是二〇〇米厘左右，光圈五·六，速度一二五（圖一）。

黃昏的淡水是多采多姿的，今天的雲層稍厚，不見晚霞，但是輕風徐來，確是怡人，沿著河堤，可見青年男女、老者、兒童，或漫步，或小坐乘涼，或嬉戲、或享受垂釣之樂，徜徉其間，天色漸暗而不自覺。

我們步向漁港，大小船隻佈滿在港內，這時候光線稍暗，但是仍可用六十分之一秒，光圈全開三·五拍攝全景（圖二），二十八至八十米厘的伸縮鏡體積不算很長，使用三十分之一秒尚可穩住，所以速度不用顧慮；在漁港的一側，有破船一艘，四處盡是腐木、舊網、油漬，支架零亂，醒味撲鼻，然而船頭卻有「龍目光彩」四字（圖三），遊客走到這裏都會對著破船看個究竟（圖四），使人想像它在海上乘風破浪，滿載而歸的英姿，真的是昔日光彩，不堪回首；雖然現場頗為紊雜，卻是自成天地，找一處石岸坐下，面對河水，道不盡淡水的故事……（圖五）。

在這古味甚濃的小鎮，隨處可以發現值得入鏡的題材，記得有位攝影同好曾經在寒風細雨中，在天色微明的晨曦，多次「流浪」在淡水街頭，為的是獲取那獨有的氣氛與構圖；攝影，真是技術、設備、慧眼所結合的藝術，而我們偶一興至，來到淡水，匆匆一兩個小時，也能帶些不成熟的東西回來，可見淡水確實是愛好攝影人士的天堂。

在漁港的另一側，可以看到不遠處就是渡船碼頭，此刻正是下班的時候，人車頻繁，擺渡的船隻忙碌著，一旁有兩三艘連鎖的小舟，盪漾在水面，我避開碼頭，擷取近處的垂葉、岸邊閒坐的少女將之納入相機，這時候已經是六時過半，而我先後也拍了約有二十餘張，同行的好友都頗有所獲，乃取道回程，在路上，我們一面走著，一面商議下次鹿港之行，盼望有一個晴朗的端午節，而淡水此時也漸落入夜色之中。

（刊於台北攝影月刊）

綠波盪漾駱駝潭

駱駝潭，位於台北縣三峽鎮，一個佔地不大的潭面，卻有秀麗的山水，水碧山清，在此和風送爽的初夏，任你來此郊遊、烤肉，或划船、游泳……大自然的樂趣盡在其中。

一個星期假日，我隨著台北市攝影學會來到駱駝潭，才發現此地還是一個很上鏡頭的風景區，放眼望去，悠悠的流水，小舟點點（圖一），何其瀟洒。

我們沿著坡道走向水邊，發現潭中央有一個巨石，突出水面，形狀很像雙峯駝，「駱駝潭」就由此得名，許多年輕小伙子攀在上面，真是一個愜意的天地。

循著水流往上走，一片綠意，蜻蜓點水，就像悅耳的

圖一

音符在空氣中跳躍，看到這一幕清新的氣象，大家無意間放下了同行的模特兒，而去尋找駱駝潭的綠、駱駝潭的涼，享受那賞心悅目的自然景象。

圖二

圖三

圖四

在上游的潭面較窄處，有一座小橋，踩過此橋，就到了駱駝潭的彼端，我們在這裏小憩，也有許多遊客就地烤肉，大人們聚在一起談天說地，小孩子兩隻腳插在水裏，拿著小魚網，岸邊淺水處，泛開了一圈一圈的漣漪，每一個圈圈都是童年美麗的回憶啊（圖二）！兒童，是國家未來的主人翁，看到他們活潑無慮地嬉戲，使我忍不住拿起相機，迅速對焦，留下那快樂的身影（圖三）。

隨後，我們一夥人為模特兒拍「水邊的少女」，但覺怎麼都不太對勁，因為小姐的衣著過於整齊，無法與現場環境融為一體，倒是岸邊租船的船東，身著紅色短褲，健壯的膚色，令人欣羨，他彎著腰，在整理船隻，人與船卻是一個極佳的構圖，一幅極美的畫面（圖四）。

在踏上歸程的一刻，那清流綠波、那樹影，仍縈繞在我的心中，我想我會再來，與好友重遊駱駝潭的山水情趣。

（刊載於台北攝影月刊）

二龍村印象

在若干年前，有一位攝影圈內的高手，跑到宜蘭縣礁溪鄉的二龍村，拍了一張當地龍舟競渡的照片，這一張照片很奇怪，因為他既沒有拍到龍船頭，也沒有拍到龍船尾，而是採用追蹤攝影的手法，拍了中間的一截船身，在船上打著赤膊的選手，健壯的膚色，強勁的力量，由動作所造成的速度感，使這幀作品在攝影比賽中奪得大獎。

「二龍村」就因此名聲大噪。

每年到了端午節這個時候。會有很多值得攝影的題材，以拍攝賽龍舟而言，在臺北、鹿港、臺南等地都有這種活動，但是名不見經傳的小地方——二龍村，他們所舉行的龍舟競賽，卻獨具特色，是別的地方所沒有的，所以拍照的朋友都

二龍村常舉行龍舟賽

希望在這裏挖掘到好的作品。

六月十五日那天，空氣的溫度略高，陽光熱烘烘地籠罩著這個佳節，一反往年陰濕的氣候。

二龍村的四周都是平坦的稻田，放眼望去，一片綠意，纍纍的稻穗垂得彎彎的，輕輕搖擺著，看起來好舒服，真是一派富庶的農村景緻。

我們的專車在二龍河邊停了下來，二龍河是流經二龍村的一條小河，不遠處就是賽龍船的地方，因為河面非常窄（大概只有二十公尺寬），所以對我們在岸邊攝影非常有利。

若是在台北淡水河看龍舟得憑證才能進入參觀台，在參觀台上想要用二百毫米長鏡頭拍特寫仍不是一件簡單的事。

比較起來，這裏的場面小多了，不但水面小，而且參加的隊伍只有兩隊，簡直是小兒科；但是那濃厚的鄉土氣息，卻使我有一種預感，今天會滿載而歸。

我們下車以後，沿著河邊走向目的地，這時四週仍然一片寧靜，打聽之下，原來龍舟還停放在岸上，而比賽的時間據說是在下午兩點鐘。

龍舟的一旁是個廣場，乃四合院住宅前的一塊空地，空地上搭了一個戲台子，頑皮的小孩在旁邊嬉耍，一幅天真無慮的畫面，打水機對他們而言竟是如此好玩，我想，在臺北的小朋友從小進公寓式的幼稚園，或是在學校惡補升學，我們的下一代都在打電動玩具，玩小教授電腦，無論如何也不會有這種美麗的童年回憶吧！

這次，我攜帶的器材包括十七毫米超廣角、五十米標準鏡，和七五至二〇五毫米長鏡頭共三支，兩台機身分別裝進了黑白片和彩色幻燈片。直到我親身到了二龍村，才發現，這裏可以拍的東西並非只有划龍船。

下午一點鐘，戲班的演員粉墨登場，敲鑼打鼓的熱鬧起來，而所有的攝影鏡頭也都聚集在這裏，俟機行動，這時候，無論是台上的演員或台下的看者，那專注認真的神態都成了我們圍捕的對象。小孩子天真無邪，我是用七五至二〇五毫米鏡頭，光圈三．五，自動快門拍攝，當時以此為主題，一共拍了六張，事後發現，竟然每一張的表情都是如許自然、如此真摯；戲台上換場的時候，大家又緊隨台後，這種「蚊盯式」的攝影（套一句藍球用語），我想，可拍的東西該不會都被搜羅殆盡了吧！

二龍村仍可有玩打水機的童年

龍船是在鞭炮聲和紙錢焚燒中下水的，接著，好戲就要上場了。

二龍村在臺灣是少數不信奉媽祖的地區，卻相信龍船公和龍船母能為他們驅邪消災，所以龍舟競度是本地一年一度的大事，村子裏的壯丁放下工作，可以一連划上一個禮拜，然後兩隊誰也不肯認輸（反正也沒有裁判），都認為自己贏了對方。

我走上二龍村的一座小橋，整個比賽的水面就在我的足下。橋上、兩岸，站滿了觀眾，河面的中央插著竹竿和彩旗，將水道畫分為左右兩邊，整個賽程看起來短短的。

每一條船上都有二十個槳手，另有一個掌舵立於船尾，一個司鑼趴在船頭。

沒有人下起划的口令，兩條船就各自猛力划了起來，剛開始，兩隊不但要快，卻也要取得一個均勢，因為在船頭司鑼的選手如果認為己隊不敵，可以要求重來。於是兩條船不斷地回頭重來，直到某一次，兩條龍舟划過水道中的第三支標桿，而且大家也都認為旗鼓相當，於是猛敲銅鑼，逐起浪花，奮力到底，再也不能反悔。

這真是一種有趣的競賽方式，卻也讓我們有充份的機會拍到精彩的照片。我是以十七毫米鏡頭，光圈八拍攝，居中對稱的構圖，透視效果良好，我們真希望，龍舟競渡團結了每一個人的心，它划向共同的目標，也划向平安欣旺的一年。

（刊載於中央日報）

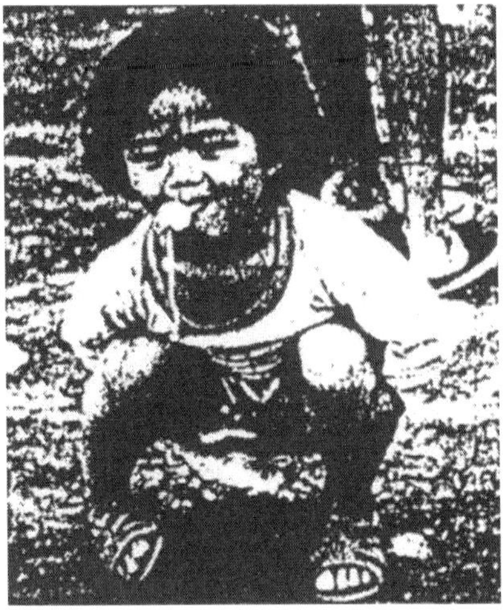

二村龍天真無邪的兒童

北濱奇景在龍洞

第一次聽到「龍洞」這個地名，是在七十二年的夏天。我應該算是後知後覺了吧！因為已經有人為這個地方的特殊地形，多變的風雲氣候而來過十數次，又聽說這裏是登山朋友們訓練「攀登岩石」的好場地。

慢慢的，龍洞成了攝影圈子裏同好的熱門題材，入圍的攝影作品中，從那裏拍回來的照片逐漸增加，幾次我到台北會，看到牆上展出的優秀作品，就有好幾張來自龍洞，它給我的印象是怪石嶙峋、巨大、垂直高聳、氣勢磅礴、海水鮮藍清澈，可見底，令人神往；但是，「龍洞」並不是一個大眾化的觀光勝地，所以，去的人不太多，知道如何前往的人也不太多，正因為如此，當地還

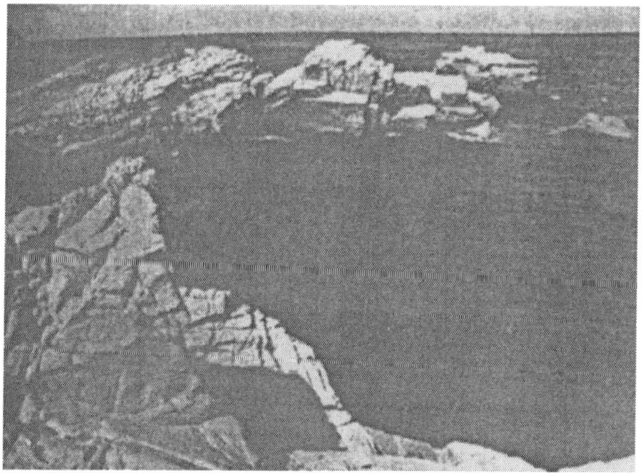

圖　一

保有一片清純的自然風貌，是攝影朋友創作的好地方。

七十二年的七月，台北會舉辦旅遊攝影，目的地是濱海龍洞，為了一睹龍洞的真面貌，我自然搭上了這班攝影專車。百聞不如一見，此行在充滿新奇的心情下收穫頗豐。

有關介紹龍洞的文稿，先進們在台北攝影月刊和中華攝影週刊都曾發表過，對於這篇補遺性質的圖文，余自勉儘量寫人之未寫，拍人之所未拍，方不致有模仿重複之嫌。

七月二十四日，天氣晴朗，是一個炎熱的暑日，車子由基隆走濱海公路，經過瑞濱以後，沿途是緩慢的上升坡道，遙望碧海青天，波濤拍岸，景觀絕佳，較之台灣東海岸有過之而無不及，當我們穿過濱海隧道以後，車子蜿蜒上升至濱海公路的最高點，這個地方，就是龍洞岬的嶺頂，而我們所要到的目的地，即龍洞岬向海外延伸的海岸石壁，當我居高臨下親自目睹時，眼界真是為之一新，因為同是濱海公路，龍洞完全是由堅硬的白砂岩構成，和筆者上期在本刊所介紹之沙灘景緻徹徹底底的不一樣。

圖二

除了青一色的海天之外，就是如刀削般灰色的大塊岩石，以攝影的觀點來說，這裏的景，色調統一、單純、場面大、氣勢恢弘，不論是視為主題來描寫，或是以人物酌景，無不適宜。

那天，台北會安排了美麗的模特兒，使同好的軟片消耗得更快，加上登山攝影專家李坤山沿途照顧全隊的安全，簡榮泰、賴振聲指導攝影的方式，天時、地利、人和的絕配，同行的每一位好朋友一定大有斬獲。

我突然有一個感想：以拍小姐起家的台北會在活動的安排上，近一年來逐漸有了轉變，姑且不論其得到了多少共鳴，多少回響，但活動組幹部的用心良苦、立意正確、工作辛勞，可嘉可勉；就我所知道的，如雪山之行、東港之行、二龍村之行、龍洞之行、小硫球之行，乃至於計畫中七十三年二月的鹽水之行拍攝蜂炮民俗等，都是致力於開發新的攝影題材，花費了不少心血，我衷心希望台北會能再接再勵，矢志成為國內最出色的攝影團體……

如果站在高處俯視「龍洞」的「形」，可以將它區分為龍頭、龍身、和龍尾三部份，那次我們以龍身為主要的活動範圍，岩壁的落差起伏很大，由三十公尺至百餘公尺不等，所以，攀爬龍洞不太簡單。

在暑日移轉照射之下，龍洞的光影效果不斷的變化，同一個角度，上午和下午給人的感覺就完全不一樣，如何巧用相機，在適當的角度按下快門，這就是把玩攝影的樂趣吧！

隨文所附圖一是張牙舞爪的龍洞實景（十七毫米拍攝）；圖二則是一位攝影同好在岩石

上傴僂獨行，他背著器材，頂著炎陽，但步伐剛毅，使人覺得攝影創作的路途竟是如此遙遠，如此艱辛（二十八毫米拍攝）。

由圖三可以看到九十度筆直的峭壁，難怪登山者要選擇這裏做爬岩的訓練場，圖中點綴的人物是同行的小姐，何其瀟灑（五十毫米拍攝）。「人」為萬物之靈，但是在龍洞的這種大場面之下，人，又何足為奇？小不點兒一個，這真是上蒼造物的神奇啊！

圖 三

以上照片都是由黑白軟片拍攝，黑白底片在我攝影過程中佔有極重的比例，至今不歇，但今日黑白攝影除底片稍廉之外，沖洗材料已節節價昂在彩色之上，給攝者帶來極大的壓力，無怪乎人稱今日乃彩色之時代也。

在回程的路上，大家都顯得很累，因為要上坡回到高處的公路，還有一段路要跋涉：龍洞雖然沒有土產可買，但是我們卻帶回來珍貴的底片，對於拍照的朋友而言，這比其他任何東西都顯得重要。

此乃我第一次認識龍洞，回顧自己所拍的照片，只覺耳際似乎還飄著風聲和浪聲，有節奏的沉沉應和，在那北濱奇景——龍洞。

（刊載於台北攝影月刊）

綠滿清境

六月二十四日，從清境農場回來，我把拍完的兩卷幻燈片交給本會簡淑娟小姐，請她代我送去沖洗。

第二天，我到台北會看作品，簡小姐問我是不是屬羊的？要不然為什麼在兩卷軟片中，竟然有一卷多拍的都是綿羊。

清境農場的綿羊，真是夠可愛的。

這一次台北會舉辦霧社、清境農場的活動，在性質上，是一次旅遊攝影，在題材而言，乃以風景為主，當然，農場裏嬌滴滴、悠哉遊哉、漫步草原的綿羊群更是攝影的焦點所在。

台灣本島的氣候潮濕多雨，本不適於養

圖一

羊，所以當我們得知電視廣告上那優美的綿羊畫面是來自清境農場時，於是「清境」的美名因而遠噪，「清境」在攝影圈是沙龍農場，但是，綿羊並非每天都自由放牧，而且，如果去的不是時候，羊兒關在舍欄裏不出來，我們拿著相機也只有乾著急。

星期六中午，遊覽車從長安東路會所出發，不能免俗的，隨行還是邀請了兩位美麗的小姐擔任攝影模特兒。

圖二

圖三

由於正好有一個颱風將要侵台，天氣的瞬息變化令人擔心，雲，在快速流動，陽光，忽見露臉，一會兒又陰沉下來，間有急雨灑落；但是，我們的行程不改，一切就看老天爺的安排。

領隊賴振聲先生在車上熱情地為同行的影友介紹解說這一天半的活動內容。

清境鄉場位於台中縣仁愛鄉，海拔約兩千公尺的高地，由台中經埔里、霧社到清境，車行需三小時，正因為它遠離市區，才得保有那一份目然清新之美，贏得「霧上桃源」的雅名。在農場最成功的產品是加州李、水蜜桃，尤其是五月到十月間，正值水果產收季節，可以享受到那吹彈可破、鮮美無比的水果；蔬菜方面以甘藍菜、捲心萵苣（圖五）最負盛名，較武陵農場所產的更美、更甜、更鮮。

第一天晚上，我們在清

圖四

圖五

境的先頭站「霧社」歇腳。以清境農場為中心，半徑五公里的範疇內，另有許多相當可觀的景致，就以霧社而言，這是一個小小的山城，海拔一一四八公尺，它北通合歡、東鄰能高、南接萬大、西連埔里，四周重峰疊嶂，群山環擁，地勢險要，自然而天成。

難得一個悠閒又寧謐的夜晚，我踏在霧社惟一的一條街道上，除了兩旁店家電視劇的聲響，幾乎沒有其它任何都市文明的污染；往山坳的方向望去，一片漆黑，靜悄悄的，那應該是夢幻仙子——碧湖才對，據說湖裏放養著比人還要大的鰱魚、大頭鰱魚數十萬尾，是台灣最誘人的高山湖泊。

半夜裏下了一陣大雨。

但是，第二天清晨，陽光卻是那麼親切，風是那麼怡人，由廣播得知，輕度颱風魏恩在南部登陸，而這裏卻出現少有的雲彩。

清晨的碧湖，真是人間天上水，淡淡地罩著霧紗，我站在仁愛國小的校園，俯視整個湖形，好像一顆豌豆，鑲在青山萬壑之間，碧綠色的湖面，卻是水波不興，自然透著幽雅的氣質（圖一）。

不到半小時的車程，我們到達了目的地——清境農場，呈現在眼前的景色，我該如何來形容呢！

綠，一片很完整的綠，三十度的草坡，碧綠、柔順、和緩，所謂青青草原者，如是也！

領隊帶著大家順勢而上，找尋可以取景的角度，而我們這一群，已自然為大地增添了幾許姿色（圖二）。

雖然不見綿羊，但是模特兒一番整裝、補粧之後，原野上簡單的線條，統一的色彩，自然成了最好的背景；此時早上九點多，飛雲迅速移動，陽光強弱有變化，斜射在模特兒身上，微風陣陣，小姐款款的舉手投足間，具見韻味（圖三）。

稍過一些時辰，草原上人聲漸多，有三三兩兩而來者，有成群結隊作團體遊戲者，我登上坡頂，但見另一個坡面栽滿了農作物，由於清境農場地勢較高，終年平均氣溫僅16℃，雖在亞熱帶的台灣，卻適合種植溫帶果樹、經營畜牧、生產蔬菜；這時候，忽見一位山胞，黝黑的膚色，背著竹簍，在田間小道踽踽獨行，我想舉機攝之，只可惜角度和位置總覺差那麼一點點，以致未按下快門，望著他逐漸消失在我的視野，但那一幕景象卻深印在腦海裏，久久揮之不去。

原來說好十點鐘要上車的，直到九點三十分，我開始走下草坡，忽然眼前一亮，只見兩隻綿羊，頭各東西，漫不經心低頭啃著青草，構圖不佳，厚重的羊毛髒兮兮的，我的視線順著移往羊舍，卻看到圓滾滾的一隻隻正出來，心想機不可失，連忙沿著籬笆，繞行進入牧草區，手裏提著28至80米厘變焦鏡，機身裏面裝的是柯達六十四度幻燈片。

這時候，藍天、白雲、綠草、綿羊一派悠閒，頗有歐洲牧場風情。

我想靠近一些羊群，牠們卻驚嚇得往深處跑，就這樣一面趕羊、一面拍攝，軟片耗得奇快，但是羊兒那一臉憨厚的表情卻已盡入機底（圖四）。

牠們看我坐了下來（在換裝軟片），也就毫無戒心，無憂無慮在四周徜徉，真是人見人愛。但我急著想再搶拍一些，因為時間將到，只聽本會李惠玲小姐頻頻呼喚上車，我將新裝的軟片在十餘分鐘內拍得所剩無幾（要是給王裕榮兄知道了，一定會說，這真是「速寫」）。

最後一個回到車上，心裡卻感到相當滿足和充實。

中午，安排在離此不遠處幼獅山莊休息，幼獅山莊可供膳宿，比「思源池」而築，環境極其清幽，思源池畔綴著輕舟，岸上涼亭石椅與大自然渾然一體，夥伴們為模特兒安排了最佳的構圖，我則打定主意下次要來此住上一宿。

午後，車子彎到廬山走馬看花，廬山除了洗溫泉、煮雞蛋，餘乏善可陳，導遊小姐惟恐我們跑去煮雞蛋，擔誤了回程的時間，其實她可不知道，拍照的朋友誰會去理會煮雞蛋的俗務呢！

（刊載於台北攝影月刊）

墾丁攝影錄

由於國人的生活日益富足。我們的育樂方式也和以前漸不相同了。救國團總團部每年的自強活動，從民國四十一年創辦，歷經三十四個寒暑，活動的內容也不斷的在改變。

今年首次舉辦的墾丁國家公園攝影活動隊，就突破了生活的內涵和層次，因為它至少有兩項基本的意義：一是國家公園應受大家重視和珍愛。二是說明了今日的學生和一般社會青年，也有能力備有攝影器材，得以接受藝術的研習和薰陶。

墾丁公園我已記不清來過多少次，但每次都是「依慣例」進入墾丁森林遊樂區，以今日墾丁國家

青葱如畫的山水

公園的範疇來看，「森林遊樂區」僅佔整個國家公園面積的幾百分之一，以前見聞之淺薄疏陋，可想而知。

八月十日晚間，墾丁公園管理處一位黃科長，為我們四十五名學員，熱心的解說墾丁國家公園的現況，使我知道在這一片美好的樂土上，竟有如此豐富的山海資源、地理景觀，有雄厚的潛力，提供國人學術研究和觀光遊憩的環境。

民國七十一年九月，墾丁國家公園正式成立。對於正不斷破壞原始自然風貌、建設現代文明的寶島臺灣而言，實有保育生態系統之功。也為我們維護了生活環境的品質。

在四天的攝影活動中，我們膳宿的大本營，就設在三面濱臨巴士海峽、位在墾丁風景特定區中央的青年活動中心。墾丁青年活動中心本身就是一項藝術品，白牆紅頂的建築羣，有點像是穿了古裝一樣，過分新的色彩和它四周的環境產生不太和諧的感覺，但仍是訪客攝影鏡頭競相追逐的焦點。

雖然有四天的活動日程，但我們還是重點式的選擇了墾丁國家公園內若干最突出的風景點，作為磨練攝影技巧、發揮攝影特性的目標；隨隊的唐老師分別在每一個攝影項目進行之前，都詳細解說拍攝的技巧，如何利用地形地物取景；在緊湊的學習過程中，我們同時也徜徉在大自然的懷抱中，聽大自然的呼喚、接受大自然的洗禮；非但如此，而且還將它一一攝入相機中。當活動結束後，我審視這些帶回家的幻燈片，它似乎又帶領著我回到了墾丁，回到那曾經留下足跡的墾丁牧場、大尖山、風吹沙、珊瑚礁海岸、南仁湖、閩南式的活動中心，還有公園內那醉人的花圃、如茵的草坪……

大尖山，可以說是墾丁最具代表性的標誌，它的美全在奇特的外形，從墾丁望去，像煞一隻牛角，所以又稱尖牛山。大尖山標高僅三一八公尺，是由礫岩塊組成，在經年侵蝕下，整座山形成三面峭壁，只有東面是陡坡，加上四周數里內都是非常低平的丘陵，便造就了它昂然獨立的氣勢，好像是一塊記錄自然法則的碑石，默默的傲視著恆春半島的變遷。

清晨五點半，我們每個人手裏提著腳架，肩上背著相機，整隊邁向墾丁牧場。太陽尚未露臉，晨曦中，牧場草原靜悄悄的，遙遙相對的是突兀的大尖山，雲帶來了風，憑添粗獷的風味，從相機的觀景窗望去——遠山、近樹、牧草綿延一片，我臨時邀請一位隊中就讀世新的女學員來客串配景，紅衫、藍短褲，畫面更加趣味生動了。

七點半鐘左右，回到活動中心早餐。

活動中心的建築體值得細細推敲，也是此行攝影的重要項目之一，它採取中國閩南式傳統的院落造形、石板大庭、斗式旗桿，呈現出本土文化意象的中國式建築新風格，讓任何人一看到，就知道這是中國的作品；但是，在這一片質樸典雅、古意盎然的建築羣中，卻有著完全現代化的機能。譬如中央空調系統、完善的衛浴設備等，它使我們在享有舒適生活的同時，也啟發了我們飲水思源的教育意義。

閩南式的建築具有很鮮艷的色彩，拍彩色軟片效果特佳，在庭園、巷道、門牆、走廊、簷柱等衍生組合而成的空間中瀏覽，使人產生時光倒流的感覺。拿起相機，到處都是值得入鏡的好題材，不知不覺中，不停的快門聲響，充實了我的行囊、滿足了我的心。

活動中心落成於民國七十二年七月，建造期間曾動用了大量的木材、磚瓦，藉著人工雕琢、砌造，處處顯現出老師傅的一雙手，是那麼巧妙、那麼深奧，為中國文化重新賦予生命，尤其是集會禮堂內的天棚中央斗拱，取材於鹿港龍山寺戲台的八卦藻井，色彩極盡華麗，並繪有「孔子問禮」、「關公明義」、「大禹清廉」、「勾踐知恥」的故事圖，使我們不僅緬懷先民文物之美，更能啟發見賢思齊之益。

入夜以後，活動中心顯得格外靜謐，伴著拍岸的潮聲和唧唧蟲鳴，在刻意經營的昏暗燈光氣氛下，還有進出寢室推拉門扉所發出仿古的磨擦聲，令人懷念那老家鄉的情景。

在朝夕潮水、陽光的迎退間，墾丁沿岸的景致十足迷人而多變，面南遙望貓鼻頭和鵝鑾鼻向巴士海峽迤邐而出，中間形成了迂迴曲折的「南灣」，南灣海岸線連延二十餘公里，其中有四公里是細緻潔白的沙灘，以及十六公里裙狀的珊瑚礁石，這裏的地形面，海拔高度均在十公尺至二十公尺之間，都是屬於近代的珊瑚礁石灰石，或三五堆成一座，或成單獨奇異的造形，一直向清澈的海水延伸，令人敬畏大自然鬼斧神功的造化，我們在這裏嘗試拍攝這些已列為國寶級的風景，發現宇宙並不像我們所想像的那麼奇妙，而是超乎我們所想像的奇妙。

立足在岸邊已經闢妥的情人道上，遠方跳石處處，同伴撐起三腳架，在水一方，或用慢速度拍攝流動的海潮，或採高速度捕捉激躍的浪花；沉靜的岩石與永不停息的海浪，暗紫色中帶著灰藍，靜與動之間，融合了大自然間無窮的奧秘。因為，在海平面以下的莫測深淵，有幾處人類曾經到過？那兒是浮雲、雨滴、山雲、澗水、河流整個循環的中心，據說在這兒大量的集中了世界上最稀有的、最珍貴的軟珊瑚，那絢麗壯觀的海底財富令人心醉、令人神往，也是擁有海域的墾丁國家公園所足以自豪的。

攝影活動隊整個行程最重要、最精采的部分是要繞過恆春半島，進入原始的森林——南仁山區，南仁山目前列為墾丁國家公園的生態保護區，全面嚴格管制、依規定入山須辦理登記，當日必須出山，而且每天最多只准許兩百人由解說員帶入，在山區內不得喧嘩、播放音樂、採擷生物、亂丟廢物、露營烤肉，違者得罰一萬五千元；基於以上多項限制，想要到南仁山郊遊、野營、登山者，往往不易獲准入山；我們懷著興奮的心情，特別珍惜這次入山的機會。

早晨七時五十分，臺汽客運沿著墾丁到鵝鑾鼻的海岸線前進，一路上山水勝景目不暇給，昨夜的一陣急雨，帶來了南臺灣少有的涼風，使我們感到滿心的舒暢，敞懷接受天人合一的洗禮。

繞過鵝鑾鼻的山坡，地勢逐漸上升，轉入鵝佳公路，這一段都是陡崖的地形。坐在車子裏可以東望浩瀚的太平洋，同時向西南方又可以遠眺巴士海峽，兩側雲水蒼茫，海天一色，氣象壯闊無比。

往南仁山的途中。將經過一處赫赫有名的「風吹砂」，在強風、裸地和砂源豐富的條件下。這裏冬天的東北季風特別強烈，經常飛砂漫天，從海岸邊飛向內陸，飛向斷崖，但是到了夏天雨季時候，雨水又將砂丘向下帶回，所以，「風吹砂」是流水和風力雙重作用搬運砂粒來回移動而形成的。

眼前那細緻、柔順的砂，摸起來鬆軟又有點溼漉漉的，原來沙中存留著雨後的水氣，同行的學員已經拿起相機開始布局、取景。風吹砂中並非寸草不生，像馬鞍藤等海灘植物，仍頑強的生長著，間或露出葉片一二；指導老師說，攝影者是主觀的，只要心中認定它是荒漠千里，就應該將它拍成大沙漠的感覺，因此，我將相機的鏡頭框滿了沙，在構圖的黃金點上安排了兩位行者，它是在述說一個人生的故事——走不完的艱辛路程，永不回頭……

義佳公路從風吹砂的中段切入，方便了訪客，卻將沙河攔腰隔斷，上半截的沙源風積作用減弱，勢必會逐漸影響風吹砂的景觀，因此，想要拍這一奇景的朋友須趁早去，也建議如能將此段公路局部高架，當可積極維護國家公園的天然資源。

英國女王王夫愛丁堡公爵，現為國際上保護野生動物和自然生態的領導人，日前報載他致函我國，呼籲推動自然生態保育的工作；而位在恆春半島東側南仁山中的南仁湖，卻穿越了原始，密密生息著千餘種植物和候鳥，至今仍鮮為人知。

早上十時許，我們從管制哨進入這臺灣本島低海拔僅存的森林。南仁山之所以被視為墾丁國家公園的一塊珍寶，乃在於其為地球上最古老、最複雜的植物、森林羣落，是一處自然天成的大溫室，而且也是野生動物重返新生的樂園。

大約徒步一個小時，到達了座落其中的南仁湖，南仁湖共包括三個大小不等的沼澤湖，她的寧靜詳和，簡直像是個「醉夢湖」令人喜不自勝，因為，當我們停下腳步，四下裏就充滿了蟲鳴、鳥語、風聲，若是中廣的李季準先生到此，勢必會用錄音機錄下這一片天籟，而我只有用相機記下大自

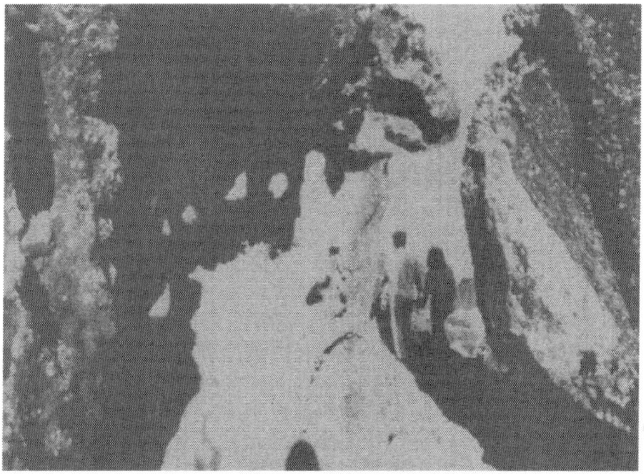

鬼斧神工的珊瑚礁石

質樸典雅、古意盎然的建築

然沉靜的本色。大自然是人類的根源，人總是渴望能回到大自然裏去，都想看看他真正的來處，尤其我生在民國四十年以後，都在都市裏長大，這一次的經驗，令人難忘。

後來。天氣突變，下了大雨，把我們整個淋成落湯雞，幸好心愛的相機未濕（因為包了塑膠套），不過，我還是趁著雨兒間歇的時侯，很謹慎的迅速拍下那誘人的糊光水色，拍下在沼澤中慢步覓食的野牛羣，拍下那曲折有致的小島；下一次不知道什麼時候才會再來，而這一片青蔥如畫的山水，卻已永遠映在我的心中。

綜觀墾丁國家公園的景色，有大場面的氣魄，也有小品式的景致，有純自然的風光，也有巧奪天工的園藝，可說是具有多樣化的攝影題材；在森林遊樂區，我們曾徘徊在那濃粧艷抹的花圃中，雖然脂粉味重了些，但與雄偉壯麗的名山人海相較，一樣充滿著令人神往的魅力；還記得墾丁賓館背山面水，一旁的草坪培養得像地毯一般，在西側大尖山護侍下，緩緩的起伏著柔順優美的坡度，任誰看到了都想要上去躺一下、打幾個滾；隊上的劉輔導員，熱誠的帶著大家在草坪上面做團體遊戲，伙伴們開懷的跳起來，盡情的追逐，手舞足蹈，金黃色的斜陽下，救國團的綠旗在一旁飛揚，生命清澈而奔放，恰似大自然的呼喚，這真是一幕甜美不俗的記憶啊！

（刊載於中央日報）

模特兒與機車勇士的剛柔互見

北海一周，對於在台北長大的我而言，這是一條非常熟悉的路；但「新北海」一周，又是怎麼回事？原來路線並無大異，只是遊覽的重點不再是野柳、金山、石門，而是翡翠灣、金銀島、淡水。

五月二十九日，中華會的攝影同好四十人，包括兩位模特兒，同赴這「新北海」，拍攝風景人像和機車越野大賽。

初夏的假日，沿著北海岸邊，幾乎無處不見弄潮人，想要找一塊自己一個人所擁有的天地可真不容易，臺灣的人口已多到如此地步，而翡翠灣、金銀島也就是在這種休閒生活的需要下，逐一被開發出來的。

車子經過萬里鄉，山坡上出現了新穎的住宅建築，遙望另一方無垠的碧波，翡翠灣就在這自然天成的大海邊。

鬆軟的沙灘緩緩地向外延伸，兩隻腳踩在上面，一步一個腳印，下回再來的時候，一定看不到這次留下的足跡，但是，今天留在軟片裏的影像，卻會永遠清晰的保存下來。

美麗的小姐身著泳裝，在淺水灘輕輕坐下，浪花滾啊滾的，湧了上來，白色的泡沫變化無窮，永遠沒有一樣的時候，模特兒開心的笑了，我的食指不自覺按下快門（圖一），姑且就名之為「在水一方」吧！那節奏明晰的潮聲，似乎也溶進了底片。

我們在野柳午餐後，直驅金銀島。

這是一個人工開發的遊樂園，背山面海，有人將其比喻為臺灣的狄斯耐樂園，似乎是言過其實，我站在園內的山坡上，遠眺遠處雲水蒼茫，而臺灣的自然野趣卻是越來越少了，這實在是一個乏善可「攝」的地方。

下午兩點鐘，我們的遊覽車「擠」進了淡水下奎柔山椿子林的鄉間小道，為什麼說是用「擠」的呢？因為這個地方正在舉行「第二屆自強杯越野機車大賽」，沿路本來就不甚寬敞，

圖一

圖二

這時兩旁竟靠滿了汽車和機車。

我們走到現場，令人驚訝的是，竟然有這麼大的賽車場（從這一片山坡望向另一個山坡都是），有如此多人來觀看（至少上萬吧），我擠進圍觀的羣眾前面，發現想要拍照可不簡單，偌大的場子裏，幾十部機車四處飛奔，黃沙滾滾，耳朵裏充塞著引擎尖銳的吼聲，氣氛熱烈，高潮迭起，我扛著相機，心裏盤算著該如何下手。

圖三

由於機車的速度非常快，使人連想到的是追蹤攝影，但是究竟該用多少速度來追，用何種鏡頭來追呢？

起初我使用廿八毫米拍橫向躍起的賽車，距離大約五公尺，但不盡如意，因為車速太快，事後有一位同好說：當他看到賽車進入畫面，想要按快門的時候，車子竟然已經飛走了。此話一點不假，當時我也有這種感覺，所以，我們應該用「心」攝影，不能只靠眼睛拍照，否則真會措手不及；後來，我換上十七毫米超廣角，發現情況大為改善，賽車選手英氣風發，神勇無比（圖二），用一二五分之一秒，捕捉這種畫面如探囊取物，垂手可得。

離開了賽車場，炎陽也不再驕艷，微風輕拂下，淡水，是我們另一個目的地，風情萬種

的河畔景緻，令人沉醉，記不得我已來過這裏多少次了，但是我仍然喜愛那慢慢的流水，流水似無情，一去不回頭，卻也載走了我的愁，拍照的朋友宜乎樂觀向善，追求真美；這時候，模特兒臨風玉立在流水邊，金黃色的夕陽洒在她的身上，任誰看了都會喜歡（圖三），連一旁垂釣的漁者也都圍觀過來，而我所剩的最後幾張底片也在這時消磨掉了。

機車勇士與名媛嬌娃，是兩種迴異的攝影題材，但是剛柔互見，也各有其特色，對每一位同行的朋友而言，這真是多采多姿的一天啊！

（刊載於中華攝影周刊）

記遊獅頭山

山給人無窮的藝術，那就是自然之美與心靈之美，它有奇拔、秀麗的景色，也有仁者的風範，莊嚴的象徵，就好像一位敦厚、嚴肅、鎮靜、慈祥的長者，使人樂於親近，所以我愛山。

休假的日子裡，和好友吳同遊獅頭山，暫離塵囂，一覽山色。獅頭山不高，但「有神則靈」，它的峻秀與奧妙，似乎是與不可知的「神」連在一起的，許多虔誠的男女遊客在許願，大概是希望學業進步，婚姻如意，事業發達……難怪山中寺廟香火不絕，我心裡暗想，但願菩薩也保佑我們的國家，一天比一天強盛。

那天天氣不很好，走到半路就下起雨來了，但是雨後山景，更見風采，白霧迷濛，青峰深鎖，獅頭山綠沉沉，厚敦敦的，顯得十分莊嚴。山的偉大，就在於它的莊麗，它的沉默，它的永恆，來這裡的人都會受它的影響，拋卻一切憂愁，煩惱……。看哪！迎面而來的女孩兒們，臉上都洋溢著晶瑩的快樂，這不也是山的賜予嘛！

我們由後山往上爬，一路經過水濂洞，上去便是萬佛庵，山路崎嶇不平，路迴峰轉，植得一提的是「解脫門」，意境頗高，願山中僧尼都能同登佛境，而我們也略微感受到一點佛家的氣息，便是一個人經歷摧腸裂肝之苦後，仍能自遣的感情和風度，這該是我此行最大的收穫了。

道路依著山勢，上上下下的，吳說：「下坡之後接著又是上坡，真累！」我說：「上波之後必有下坡，那時候就輕鬆了。」吳說我講話帶有長者的口氣，我們都笑了。這時候，靈霞洞、海會庵、獅岩洞在不自覺中已落在我們的身後；接著直奔獅頭山頂——望月亭。

望月亭立有新竹縣界，遙望前山靈塔，那個寧靜是完美無缺的，撿一塊小石憩坐，讓思維徜徉其間，任性靈飄泊，想千古悠悠，浮生又有幾何，怎能不把握年輕人所享有的福分，認真的開拓自己的前途。

前山的勸化堂、開善寺都很有規模，進香的人很多，財源廣進，廟舍自然也就逐漸擴充起來，紅簷碧瓦，畫棟雕樑，紋采絢麗；倒是近處的一座紫陽門，樸實無華，令人發思古之幽靜。隨著石階逐步下行，獅頭山出口已經在望，而山色蒼茫，暮意闌珊，正是「氤氳天時晚，宿鳥歸飛急」，臨踏上歸程前，不忘買些土產的茶葉，回去讓辦公室的伙伴，同享獅頭山的「風味」。

（刊於忠勇報）

新春之遊

和暖的春節替各行各業打開了美好的遠景，看到旅行社的遊覽車都趁此機會南北忙碌地奔波，我們也曾考慮一遊那醉人的南部風光；但是人的眼光常常是既高且遠的，經常讚美那遙遠的，令人迷惘的景色。卻忽略了居家近郊反倒未曾去過的名勝。所以我們全家決定了這次的烏來「雲仙」之遊。

幾年前，記得我們還曾參加了烏來空中纜車的通車典禮，當時的盛況空前，人潮洶湧，而我們沒有擠的興緻，況且那種居高臨下的氣勢，有驚無險的鏡頭，令我們僅駐足在那兒看著它在兩山間盪了過來又盪過去，卻未能親臨其境。

年初二的早上，烏來道上，遊客不絕。我們的車過屈尺，已經是春山可望，南勢溪的水碧得出奇，水色山光，我們復得與大自然同在。想著待會兒我們就要一嘗躡空攬勝的滋味了。

彩蝶、香菇、鯰魚、鰻魚，以及各種奇禽走獸是烏來的特產自不用說，而台車更是烏來的主要特色。此外，烏來的觀光事業也在逐年的發展，譬如大型旅社的建築，以及瀑布頂端的雲仙樂園，那令人嚮往的地方。

我們搭上台車，由於一路都是上坡，兩個推車工友推得辛苦。車上雖然彩色帷幔，軟墊坐椅，卻少了以前那種一個板凳四邊坐人，推起來左右幌盪的個中滋味。我和妹坐前部車，爸和媽坐後部車，經過一座小橋，一個交車站，再一個彎轉了過去，忽見天間展現了那緩緩挪動的纜車，迎向削壁千仞的瀑頂，好似蜃樓幻景，雲中仙境，何等奧秘，何等奇絕！

不見桃紅柳綠，卻看到櫻花在這冬春之際，搶入眼簾。高山巍巍，在一大片的綠中，一股秀麗迷人的靈氣，源自那山間雲間。山水之間，兼具了壯麗與秀麗的氣象，令人心怡。伴人照相的山胞，還有一座背弓帶箭腳邊攜狗的山胞石像，大家都爭與照相，讓人不忘烏來不僅是以景取勝，更有著特異於平地的山地風俗。

在熙攘的遊客聲中，我們進入了纜車站，我感覺到這隆隆的聲音正和電影裡曾聽到過的完全一樣，原來這種供人遊樂的交通工具卻仍舊是建立在人類科學的文明上。

有人形容這種纜車像五彩的菜籃，那我們即將要被吊在裡面了。眼看著這纜車，緩緩地滑進站了。

要不是車廂中擠了三十六個人，將更會有脫塵登仙的感覺。原來須要仰視的瀑布現在逼近了，瀑布的本身在飛騰著，尤其是衝擊在凹凸不平的石壁上，就四散成迷濛的煙霧，布水是向下落的，這煙霧卻隨處瀰漫在山腰間，逐漸成為我們腳下的景物，不覺間，我們已登上了另一座山頭。爸爸說有點像搭登月小艇的味道，其實我們誰也沒有坐過登月小艇，只是纜車將達對面山巔時那種陡然直上的動感令人有遺世獨立的感覺。

「雲仙樂園」別有洞天，我們隨時留影，媽則手持紙筆，隨處記錄，做為將來寫稿的參考，雲仙岩道闢自山澗，一路風聲呼呼，寒氣逼人，我們直上水壩，但見雲仙湖中遊船如織，那畫棟式的旅社，那樓台樹木，分外光彩，眼睛忙不過來，不曉得看那一處的才是。男的，女的，都忙著攝影。我們依著山勢四周逛了一趟，才知園中處處皆湖，雲仙湖中泛小船，稍上的左側則是雲晴湖，水車式的鴨子船在湖中漫遊，意態悠閒，良辰美景，確確令人忘我。

再上則是釣魚池，另人驚訝的是小池中竟放了條大船，供人觀賞，構思之奇，讓人別開生面；我們轉上池邊的一條小徑，不遠便是溜冰場，可惜時不與我，無法暢玩，我們繼續上行。妹妹喜歡游泳，竟赫然出現了游泳池，爸爸喜歡山野閒居，而園中最高處兼備了供人度假的別墅，籌建人設想之齊，真是完美無缺。

別墅的下方有座「山棕橋」，全是由山棕材料搭成，別具一格，讓人有新奇之感，媽媽不忘筆錄，遊後大家都對這座橋記憶尤深，因為一般人都是以山棕來栽培盆景或種植蘭花。它如射箭場、水族館、兒童樂園以及餐廳等，園中可謂無一不備。特別有趣的是兒童樂園的碰碰車，妹妹也下去玩了一回，大家都碰撞得痛快，只可惜傷了車子。

雲仙樂園的林木多半得自天然，而加以人工的裁剪與保留，因此原始中透著現代化的設計，又覆得山泉之利，積水成湖。傍晚時分，斜陽映著水氣，尤當滿園飾燈亮起之時，另有一番靜謐的氣氛，我們隨著大批的遊客下山，又有另一批享受夜間雲仙樂園的遊客上來，適此新春佳節，人人面露喜樂，一股詳和的氣氛充溢在這山水之間，這人間仙境。

（刊載於中央日報）

詩的情懷

花下之夢

不知道的人都以為我四方美學拍照很懶，常常坐在一個位置不動。

其實，我是在觀察、閉目思考；觀察，是很重要的功課，就像拍電影的人事先都要先看景。

有一次，我一個人坐久了，睡著了。

一陣驚醒，老闆娘笑著問我：是不是在等下午起霧！啊！這裡還有霧景，我都不知道呢！

所以，「觀察」是很重要的。同一個地方，因為光源的改變，效果會有很大的差別。

只要「景」找好了，「構圖」想好了，「目標」鎖定，謀定而後動；至於「拍照按快門」，那是很容易的事。

香水睡蓮

香水睡蓮，四方美學為什麼要拍這一張睡蓮呢？（因為拍睡蓮拍得好的人不計其數）

那是因為這一枝睡蓮的枝子是彎曲的（這一點很不容易）。

一般睡蓮的枝子都是直筒筒的，

這一張和別人拍的一定不一樣，

彎曲的枝子表示它在生長期間是經過曲折不饒的過程，別有意義。

荷花

看哪！滿塘的荷花。

它，花瓣鮮嫩，花色新紅，嬌艷挺秀，美麗而出眾。

夏日的植物園，炎陽熱烘烘的，在那荷花池畔，卻是一片綠意，紅花點點，徐徐生風。

我驚訝的發現，竟然有那麼多人來這裏看荷花、畫荷花、寫荷花、拍攝荷花；池邊小坐，欣賞荷花的亭亭玉立，落落大方。

由田田的荷葉中向上伸出的，有含苞的荷花、怒放的荷花，和花落後的蓮蓬，它們各具神韻，款款生姿。

蓮子清香可口，蓮蓬和荷葉都可以入藥治病，還有那深藏在池水中的蓮藕，卻香脆細膩。

荷花，外秀內實，出污泥而不染，它默默的貢獻著自己。

（刊載於中央日報）

滄桑之美

最近，利用星期假日，跑了兩次林家花園，想看看有沒有什麼可拍的東西，兩次去都是陰霾的壞天氣，映入眼簾的盡是一片陳舊與殘缺的廢墟，在這種氣候下顯得更加荒涼與落寞。

我帶著攝影器材，不知該把鏡頭指向何處，因為在偌大的花園裏，看不到一朵花，或是一處整齊的草坪；建築方面，看不到一片完整的牆，樑柱傾倒歪斜、簷頂開了天窗，由於年久失修，以致於雜草叢生，百年大樹漫無方向的亂長，我想，任何人看到這一幕景象，都不會再有遊公園的閒情逸致，油然而生的是一種往事不堪回想。

記得第一次到林家花園的時候，已經是下午四點鐘，

圖一

在扳橋市區的西北隅，花園四周用圍牆封了起來，牆裏牆外似乎是兩個世界，我竟然不得其門而入，後來發現牆邊掛著一塊標示牌，才知道林家花園「正待」整建，所以停止開放，閒人免進。

我沿著牆外的人行道走著，從雕花的孔隙中向內張望，卻發現有不少玩童，穿著短褲拖鞋，在裏面互相追逐嘻戲，這該是附近住家的孩子吧，無憂無慮的，天真而可愛，既然他們能夠在裏面玩耍，就一定可以從那兒進去。

終於在一個轉角找到了入口的通道，由於旁邊就是民宅，竹桿上晾晒的衣服擋住了去路，腳踏車橫七豎八的堆在那裏，我彎腰跨了進去，看到有人在檢拾殘樑斷柱當柴燒，顯赫一時的名園竟落此地步，真令人不勝概嘆！而我們攝影者得趕快就現有的遺蹟留下最真實、原始的記錄。

第二次再訪林家花園的時候，我已經是老馬識途，直驅園內，而且有了上一次對這裏的印象，我知道該如何來適應這周圍的環境，隨身帶的是廿八至八十米厘伸縮鏡頭一支和愛克發黑白軟片。

對於園內四處散落的磚磚瓦瓦，實在是不易攝取，因為就像是建築工地一般，我不知來此攝影該是為了歷史？文學？或是為了繪畫？還是只為了攝影？可惜自己技拙，但求能忠實留下林家花園尚存的景觀，盼望大家都愛惜這珍貴的民族文化。

追溯在清朝乾隆年間，本省鉅紳林氏從漳洲遷來台灣，道光廿七年定居林家花園現址，起初興建弼益館（現已拆除），後來又建三落大厝，再建五落大厝，以及規模龐大的花園，共計佔地近兩萬坪，最後竣工於光緒十九年。

傳聞當時園中勝景有「定靜堂」，堂分二進，是以前宴客之地；「汲古書屋」，這是宅主藏書的地方；「方鑑齋」，是一間清幽典雅的書房；「觀稼樓」，此樓在一九一六年就倒坍了，當時日本人佔據台灣，更無人理會；另有水池戲台，池中有一對相連的亭子，名為「月波水榭」，是賞月之處；還有遊廊連接環繞這些建築物，長達五百公尺，一派江南庭園的景緻，真是美不勝收；但是現在的林家花園早已支離破碎，部份園地已另做他用，成了商業大樓，或為都市道路所貫穿，使原有的庭園風貌幾乎蕩然無存。

圖二

我只得想像昔日雕樑畫棟、亭臺池榭、曲道迴廊、拱橋臥波、雅境畫意般的景色，然後由傾圮剝落的危牆中，尋求可拍的東西，雖然是破碎而不完整，卻仍然透著當時藝匠們的巧思，如圖一中的古厝，正面還相當可觀，裏面卻空蕩蕩的，後半部的屋頂整個塌了下來，孩子們跑來跑去，成了捉迷藏的好地方。

圖二的花牆，很別緻，但是因為無人管理的原故，任雜草在牆頂滋長，但一付老邁的樣子，形成一幅滄桑之美。

林家花園不論在格局、造型、與規模上，據說均盛極一時，只是現在這裏卻是海已枯、石已爛，悲淒不堪，無疑的，林家花園本身就是一個大悲劇，幾乎可以肯定的說，本省沒有任何一幢建築或聚落的規模可以與她相提並論，但也沒有任何一幢建築或聚落會在這麼短的時間內就損壞的如此徹底。

我一面在斷簷殘壁中找尋攝影的構圖，一面在想，林家花園的整建工作十分不易，好在曾經非法佔住園內的幾百戶居民已徑遷出，政府有無比的信心，要恢復這一所名園的舊觀，但歷時雖久，未見動工，還給我留下這一點滄桑之美。

最近幾年以來，鄉土攝影很是流行，可惜我忙於學業，對這一方面毫無研究，畢業以後就了業，更沒有時間向鄉土攝影的老前輩請教，因之，我只有對景物有所感觸，就拍、就寫，僅止於表達個人的情緒而已。我想還沒修整的林家花園，可能是鄉土攝影的好題材，如果由鄉土攝影家來拍，一定可以發揮他的專長，拍出非常傑出的作品的。

（刊載於台北攝影月刊）

有情世界

連續看了一個星期的「妙鏡頭」，發覺其中總離不開以人物為主角，使我想起從過去拍的照片中，選出一張「非人」的作品，卻和人同樣具有靈性，而有其「妙」之所在。

這張照片的主題是一隻一〇一忠狗，拍攝地點在淡水港岸的一片牆邊上。

大家都知道淡水夕照列為臺灣十景之一，到淡水攝影的人士，都以落日波光、廟宇古巷為題材，我也不例外，背著攝影器材，和志同道合的朋友數度前往淡水。

在淡水邊的河堤上，零星散置了許多垂釣的人，漫步的男女……。我手上拿著目前最流行的廿八至八十米厘變焦鏡頭，卻意外發現這一隻眺望風景的狗，牠爬在牆頭，若有所思的樣子，牆外的一景一物，對牠來說似乎是相當

熟悉，因為這就是牠生長的環境啊！

我將鏡頭的光圈開至最大，所以前後景模糊了，在畫面的構圖上，這隻狗唯我獨尊，幾許悠閒，也帶著無耐的神情，不也是「妙鏡頭」。

（刊載於大華晚報）

冬之臺北

整齊壯觀的玻璃惟幕牆，從牆中又反映著對街的高樓，充分說明了今日臺北的緊榮進步。

立足在街道中的安全島上，抬頭仰望，光禿禿的枝椏傳頌出冬的氣息，紅燈亮起，為整個畫面寫下了休止符，行人、車輛，都暫時停下腳步，似乎一切都靜止了，那是冬眠嗎？

是在等待另一個春天的到來啊！

（刊載於中央日報）

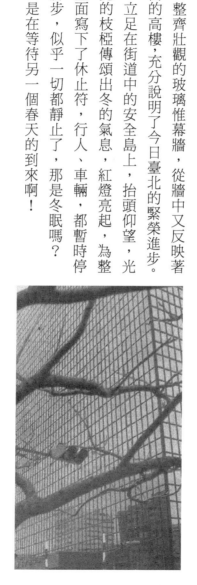

花園學校

省立曾文家商位於台南縣麻豆鎮，歷經四十餘年的校史，墾蕪土為芳園，整淤沼為美池，椰樹臨風迎客舞，波光倒影照人來，無怪乎該校師生都以擁有一個花園學校而感到自豪。

（刊載於民生報）

沙漠幻景

你可知道，世界上的三大騙子指的是什麼？

一是魔術，二是女人化粧，告訴你第三個是攝影。

記得曾經有一名在大學建築系就讀的學生，精心製作了一棟建築模型，可是那究竟是假的，於是他跑到北宜公路上選了一個景，將心愛的迷你模型襯以自然山水，竟然拍攝出一幅幾可亂真的假別墅。

在北濱公路上，距澳底不遠處有一段特殊的沙丘地形，隨著季風的吹拂，黃沙不斷起伏，像煞一個沙漠區，如果在其上佈置駱駝和人物玩偶，透過相機，小心的佈局取影，適當的開放光圈，真可以重現中國新疆蒙古的浩瀚氣魄、壯麗景觀呢！

擺設出來的玩具商隊，透過攝影技巧，彷如走在浩瀚的沙漠中。

（刊載於中央日報）

天賜美味

公曆每年的十二月二十五日，是基督教徒們紀念耶穌基督誕辰的日子，也就是「耶誕節」，這天除了吃火雞之外，有些西方人還習慣在聖誕晚宴的餐桌上擺一隻烤乳豬，英美等國人們還往往喜歡在豬的嘴裏放一隻蘋果，據說這個習慣源於一些大家庭，因為只有大家庭才有可能吃得了一頭豬，後來一些講究排場的人在聖誕節請客時便紛紛效倣。並在晚餐後加上甜食，一般有李子、布丁和碎肉餡餅等，英美等國人認為，吃過這幾種食物之後會大吉大利、福星高照。

所謂的烤乳豬，其選用的豬隻，一定是從出生後開始算約九十天以內的豬隻，還是豬寶寶，尚未斷奶的乳豬仔，所以叫烤乳豬。烤乳豬的烤醬為紅腐乳二十五克和豆瓣醬五十克調和蒜茸、

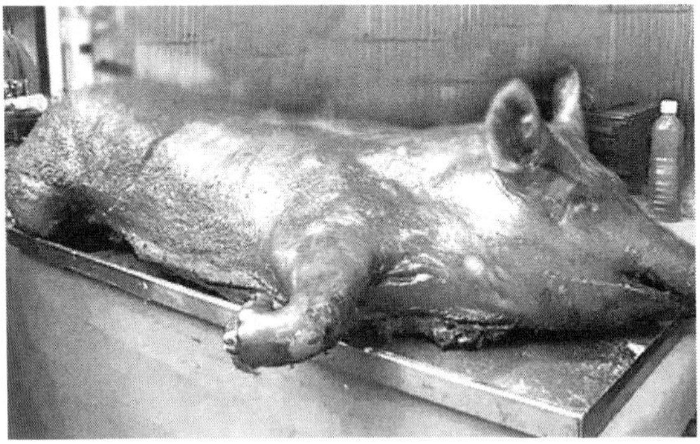

蔥薑、五香粉、味精、米酒、鹽、白糖調成糊後，利用豆瓣醬及紅腐乳的黏性，塗抹在豬腹壁肉上，再燒烤至生香入味。

用麥芽糖加水，塗在表面上，或是在烤肉醬裡加入麥芽糖或冰糖，就會變得油油亮亮了。所附照片，整隻豬呈金黃色，色澤、層次豐富，是一隻令人垂涎的烤乳豬。

春節寫春聯

我很感激父母親在我小時候給我很好的書法訓練。一直到今天，平時這隱藏在心中的技能，偶而總能適時用上。

民國一百年的年初，還是寒風料峭的氣候，三重區孝順道德促進會會長德風義舉，舉辦寫春聯、送春聯的活動，會長的邀請，讓四方美學我覺得很有意義，當然也就毅然參與寫春聯。

這是一次愉快的生活經驗，冷冷的空氣中擁抱著溫馨！因為鄉鄰間親人好友都藉著這次活動出現了，大家聚在北山宮前，開心問候、關心的聊著天……驀然間四方美學發現，這是一個有人情味的鄉里。

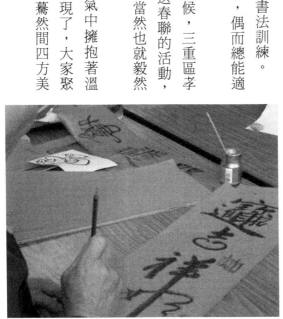

在電腦這麼發達的今日社會，一支毛筆，竟然還有偌大的創意空間，由於「孝順道德促進會」的推動，傳統文化默默的被傳承。

四方美學祝福大家有一個快樂的農曆年節。

逛跳蚤市場

二手貨尋寶，只有在重新橋及福和橋下找得到，無奇不有，物品繁多又超便宜，識貨玩家的最愛。

跳蚤市場在台灣不是最流行，因為中國人習慣用新的東西，一直到幾年前我在溫哥華逛過Garage Sale，他們的家用物品都保存良好，乾乾淨淨，完整如新，便宜脫售，我逛得不亦樂乎，從此開始熱衷於二手貨尋寶的樂趣。

回到台灣，想要一償低價消費的生活樂趣，四處打聽有沒有跳蚤市場，竟然大多數人都不知道，一直到有人指引我到三重往新莊的重新橋下和台北往永和的福和橋下，我才發現那裡另有天地。

以前，我會習慣到九份、淡水老街、建國花市、光華商場、夜市等地閑逛，現在，我會往重新橋下、福和橋下跑，度過一個週末假期，不一定撿到好貨，但卻多了幾分閒情，看著那些老舊的東西，睹物思景，一個人浸沉在三十年代、四十年代、五十年代，以至於二十

一世紀的光景之間。

我依照朋友提供的資料和地圖，造訪這兩個跳蚤市場，又把以前流失的閒情找了回來。重新橋下是每天都有，福和橋下是每週六，日，約莫都有兩百多個攤位，數量龐大，大多是二手東西，可以說什麼都有，種類繁多，多得令人難以想像，你可以慢慢挖寶，有些東西滿特別的，大多低價便宜，幾十塊或三、五百元以內可以搞定，五塊錢、甚至一塊錢的東西也有，少數則是高價貨，但是你要有好眼力、識貨，可以殺價，如果不是行家，沒把握的話，建議別買太貴的東西，以免上當！

如果你起得早，早上四・五點便可以動身，有人早已摸黑到那裡了，來的人似乎不多。我也曾經起早趕去看過究竟，天沒亮看什麼呢，不要忘了要帶一個手電筒，靠手電筒的燈光才能尋寶。

識貨的玩家尋寶收藏，看熱鬧的門外漢也可以找些實用品。台北縣三重市重新橋下跳蚤市場聲名遠播，每週七天不斷市，每逢星期例假日更是摩肩接踵，人潮洶湧，橋下的空間不夠用，業者還在一旁豎起太陽傘或搭起棚子擺攤營業。

重新橋下和福和橋下跳蚤市場的上百攤商販，來自「五湖四海」，甚至有老外也來賣東西，這裡人聲鼎沸，逛街、看熱鬧的人不少，擅長找二手商品的人，抱著尋寶的心態閒逛，看中意的商品，幾番砍價才成交。更新奇的是，有人搭起棚子，賣手藝，替人理頭髮，收費一百元，甚至只要八十元。

為什麼跳蚤市場每樣東西都可以賣得這樣便宜呢！這就得從貨品的來源來追蹤了，東西怎麼來的呢，據說都是幫人家清潔公司，然後他們不要的，還有就是來路不明的……，再問，他們也說不清楚……我經常看到員警在重新橋下跳蚤市場查察販賣色情光碟，盜版CD等，建議逛重新橋下跳蚤市場的民眾要小心，不要買到贓貨。

根據我的觀察，這類市集最初貨源可能是民間拆屋時整批接收的雜貨，從家中日用品、二手皮包、玩具、小孩玩的遊戲王卡、文具、鞋子，到後來的工具機、手機、琉璃藝品，各種被打下退貨的外銷品、軍用品、軍服、帽，電腦主機、掌上型計算機、手機到服飾、茶葉、錢幣、藝術品、CD、舊音響及五金、電池及吃的、喝的，可說應有盡有；都可在此撿到便宜貨。

這些東西堆在地上，沒有分類，沒有整理，種類多得讓人眼花撩亂，品質有高有低，價格則隨便，既可以撿到寶，又可以看緊荷包，跳蚤市場就是這麼一個可愛的地方。幾百元玩它一上午，的確很划算哩！

（刊於青年日報）

文化之美

攝影‧在龍山寺

在攝影圈裏面，有許多攝影團體，經常利用星期假日舉辦活動，但是這些活動大部分以少女人像為主題，記得有幾次我到臺北龍山寺參加攝影會，結果影友們仍然是圍著幾位模特兒大拍少女人像，實在是枉費了龍山寺本身具有的許多攝影題材。

龍山寺，這個中外聞名的廟宇，位於萬華鬧區，供奉著觀世音菩薩，據說觀世音曾經在多次人禍天災中顯靈，益增後人之信仰膜拜，迭次增修補建該寺，終日香火鼎盛，人潮不斷，而這些形形色色的人物和古色古香的建築都是我們的好目標。

當天氣晴朗的時候，到龍山寺拍照會有較理想的光源，帶著你心愛的照相機，一個人在寺前寺後多走幾次，拿起相

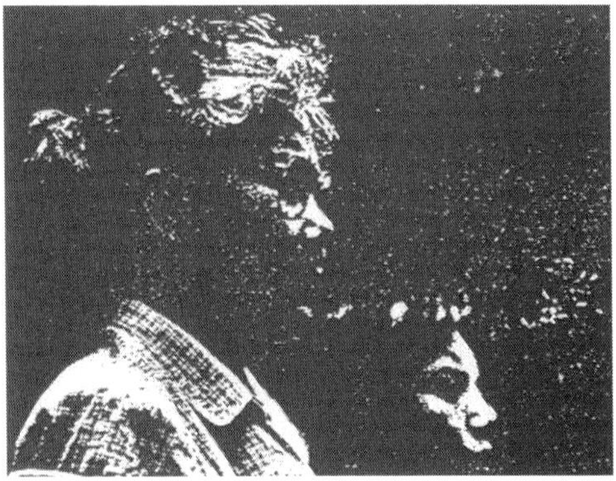

龍山寺到處可見虔誠肅穆，真情流露的表情

機實地取景，仔細觀察攝影的理想角度，會發現有許多值得入鏡的好題材，香爐裏煙火不斷，瀰漫在偌大的寺院中，站在石階上，逆著陽光看去，充滿了宗教的神秘氣氛，正殿上匾寫著「慈雲普照」四字，使人真有那種感覺，每一位虔誠的信徒表情誠摯肅穆，真情流露，使手持相機的我不自覺按下了快門（見圖），當時使用二〇〇米厘鏡頭，光圈三・五，在放大的時候，加深了背景，使人物的輪廓較為突出。

除了動態的進香與觀光者之外，龍山寺本身具有相當久遠的歷史，它始建於清光緒三年，迄今有兩百四十餘年的歷史，建築完全採用中國廟宇的造形，飛碧流丹，多彩絢麗，氣勢莊嚴而宏偉，你若採用標準或廣角鏡都不難拍到理想的照片。

遊覽車不斷帶著大批的國外觀光客來到這裏，他們一面聽導遊仔細的介紹說明，拿著照相機面對古老色彩、雕琢精緻的龍山寺感到無比的神往與好奇，紛紛留下精美的景象，我們生於斯長於斯，又豈能無視於這攝影的好環境，而讓它空自繁盛。

在臺北，和龍山寺類似的攝影題材還有不少，譬如像木柵的指南宮、中和的圓通寺、大龍峒孔廟、內湖的金龍寺、北投的忠義廟等，它們都各具特色，是愛好攝影人士尋寶的好去處，有計劃、有系統的去拍攝這些充滿了強烈地方色彩的照片，將會令你有意想不到的收穫。

（刊於大華晚報）

燃燒吧！王船

當我知道近日在屏東縣東港鎮將有送王船的民俗活動時，心裏就感到無比的興奮，因為生長在北部都市裏的我，對於這種盛大的民俗祭典，雖曾聽說，卻從未親自目睹，所以知之不詳。

「大概是保平安的意思吧！」有人這麼說，「火要愈大愈好……」。

都是憑一己之念猜測的話。

然後我想收集有關的書籍或資料，以便有助於這次南下攝影，可惜卻毫無所獲。

十月廿五日，臺北市攝影學會的專車出發了，我們的時間非常緊湊，當天下午，趕上遷王船遊街的盛況，我跟隨在遊行的隊伍裏，感受到信仰帶給人們的力量，真是震撼人心，一路

王船燃燒，氣氛熱烈中帶著嚴肅。

上家家戶戶的門口供著祭品，燃放爆竹，不論大人小孩，手持著香，迎送王船的經過，長一輩的百姓，甚而虔誠地跪在地上，王船的聖靈，已經佔據了他整個心。

在這裏可拍的題材實在不少，但現場因為人多、吵雜、熱鬧，給我的感覺卻是相當混亂，攝影者的心情受到影響，若不能很冷靜的應付，就容易手忙腳亂，造成濫拍，失敗的比率自然增加。

同行的朋友都希望不要錯過任何一個機會，因為三年才有一次這種大典，為了拍攝如此盛況，大家都盡量往高處走，有的進入民家房頂，有的往圍牆、樹上爬，以便鏡頭能夠涵蓋更大的面積，雖然如此，當地卻有一個規矩，你不能爬得比王船還要高，否則必遭人責罵。

王船繞境遊行長達三個小時，然後回到行宮，準備第二天清晨送往海邊火化。當地之所以會有這種習俗，主要是祭祀王爺——溫鴻，相傳其為唐代貞觀卅六名進士之一，奉派山西知府，屢建功績，歷升王侯等爵位，當時天下太平，三十六進士奉皇旨巡察各地，不幸在海上遇風沉船，無一幸免，皇上聞知痛失良臣，頒旨建廟追念，是為現今停放王船的東隆宮，也是東港鎮最早建立，香火最盛的廟宇。

東港為濱海小鎮，靠海吃海，以漁業為主，而溫王爺在海上護航佑民，神功造化，靈驗得很，所以百姓對其崇拜有加，每隔三年，要請王爺到鎮上巡行，歷時七天，再以王船恭送出海，所謂「王船」，係由東隆宮香火錢建造，價值三、四百萬元之譜，為當地人精神之所托。

這半天下來，我耗費四卷黑白軟片，其中大部分是用廣角做即景的速寫；晚上，我們回到高雄休息，然而，第二天的行程在半夜兩點就要出發，因為王船將在天亮以前被遷到海邊，整個祭典活動在這時達到最高潮，然後一把火將船焚之，那是攝影者不能漏失的鏡頭（如圖）。

在整個燒王船的過程中，有許多繁複的禮儀，氣氛在熱鬧中有嚴肅的一面，晚上兩點，執事人員在行宮內取得神器後，領著七頂神轎，以及無數善信人士，浩浩蕩蕩地護著王船移向海邊，雖然只有短短數公里的行程，卻走了三個小時，這時候人潮洶湧，鞭炮、煙火、燈籠及鑼鼓聲喧鬧得比臺北的西門町尤有過之。

清晨六點，王船已經在沙灘邊上固定，在微明的天色中，撐起船桅，揚起船帆，成堆的紙錢恐怕幾卡車也載不完，聚集在船身四周，這是一艘滿載財富的船，也是一艘滿載希望的船……。火由下端燃起，在千萬人默默祈禱注視之下，升起了黑煙，王船在烈焰中萎縮……。

平安祭典到這裏算是告一段落，但攝影同好卻忙著取景、搶拍，四百度的軟片在此時很管用，因為光源的亮度稍弱；燃燒吧！王船，火勢愈來愈猛，而人羣卻逐漸退去，留下的是滿地的香火與令人無限的懷念。

（刊於大華晚報）

璀燦光華不夜城

每年的十月，可以說是一個攝影的旺季，連攝影器材店和沖洗公司都顯得特別忙碌，因為這個月國家慶典特別多，尤其國慶之夜的施放焰火和總統府前搭建的牌樓吸引了萬千中外人士，真是嘆為觀止。

談到拍夜景的基本常識，相信許多人都瞭然於心，譬如說要用三角架、快門線、使用B快門、重複曝光等等。但是，如何靈活運用這些基本技巧，在總統府前擠得密密麻麻的三角架羣中，拍得與眾不同的作品，則又不得不令人深思。

筆者現在來談此一話題，雖然十月節慶已過，仍願藉此與讀者互相切磋，以使來年再創佳構。

如圖一和圖二為東門城與中正紀念堂之夜景，但都使用多重曝光的方式來取得畫面的變化。

現將其拍攝過程詳細說明如後：

圖一，中正紀念堂本身是用三角架穩定相機拍攝，光圈十一，速度五秒，鏡頭焦距二十八米厘，當然，構圖時，要妥為預留上下的空位，以便被補進其它的東西。

然後移動相機，在同一張底片做第二次曝光，拍攝畫面下方的紅光，這時候仍然用三角架，光圈三．五，但注意對焦要故意不準，鏡頭焦距八十米厘，並且加上紅色濾鏡，當然，如果您希望光點成為其他的顏色，只要換裝濾鏡即可。

接著，準備做這一張底片的第三次曝光，這時候，把相機從三角架取下，裝上閃光燈，光圈置於五．六，速度六十分之一秒，鏡頭改用五十米厘，以便完成整個畫面最後的國旗部份。

在攝影過程中做多重曝光，比較困難的是圖面的佈局，尤其使用一三五小相機的同好，不易一舉成功，所以要多做嘗試；下面說明圖二的拍攝方法：

圖二中的城門應該是沒有問題，用傳統的方式——小光圈、慢速度，三角架固定為之，當然天空部份要空下來。

第二次曝光相機是拿在手上拍的，在總統府前廣場邊，選一棵掛滿各色小燈泡的樹，對著這些燈泡，光圈適當地開放至四，對焦故意略有不準，使點狀的燈泡擴散成美麗的光暈，這種現象在單眼相機的觀景窗裏可以清楚的預知，速度用B快門，以上準備工作做好以後，就可以平心靜氣的按下快門掣，同時把相機上下輕微搖動兩三下，大約兩三秒鐘之後，把快門關掉，於是樹上的燈泡在底片上留下好像彩帶一般的痕跡，這張照片算是人功告成。

夜間攝影有相當多的變化，趣味無窮。但是拍攝的過程比較複雜、麻煩，使用的相機也以備有重複曝光開關者較佳。

朋友，多耗費一些時間、耐心和軟片，但是所得到的收穫卻是令人驚喜的。

（刊載於大華晚報）

（圖一）中正紀念堂

（圖二）東門城夜景

端陽・龍舟・攝影

幾乎每一年的端午節，我都在家看電視裏的龍舟競渡，而今年的端午節，我卻隨著一羣攝影朋友親自去拍划龍船。

六月十五日早上十點二十分，遊覽車開進宜蘭縣礁溪鄉靠海邊的一個小村莊——二龍村，我才發現，竟然有那麼多慕名前來的攝影同好，包刮宜蘭縣攝影學會、臺北市攝影學會、陽明攝影學苑、廣角攝影俱樂部、點點攝影俱樂部、華視工作人員，其它個人搭車前來的更是不計其數。

放眼望去，這一天到二龍村的外地人幾乎都是為攝影而來的，二龍村的龍舟競渡在攝影界具有如此高的知名度是基於以下幾個原因：

二龍河的河面並不寬，有利於各種鏡頭拍攝，不論是使用長鏡頭、或是標準鏡，甚至使用廣角鏡，都可以得到很好的構圖；當地的龍舟競賽具有一百七十多年的歷史，參加比賽的隊員一律打赤膊，民風古樸，是入鏡的絕佳題材，而比賽方式更是奇特，不同於其它各地，令人覺得新奇有趣。

沿著二龍村的一邊，零零落落散佈著住家，在河流的中段，有一道小橋，把二龍村劃分為「上二龍村」和「下二龍村」，上二龍村的居民大部份是早期的山地民族，又稱「淇武蘭」；下二龍村則大部份是後來遷入的漢人，又稱「洲仔尾」，因為靠著河邊居住，似乎人人都諳水性，只見他們上下龍船，從來不須靠岸，都是直接跳到水裏，游過來、游過去的。

二龍村的居民並不祭拜媽祖，卻祭拜龍船公和龍船母兩個守護神，每年的這個時候，兩村都在龍船頭、船尾和船漿上漆著八卦圖，他們相信這樣可以避邪、驅鬼，而遠地的親友及在外求學的、工作的村民，都會自動回來，為自己所屬的龍舟加油。

中午十二點，廣場上的戲台子熱鬧起來了，接著焚燒紙錢、燃放鞭炮，擱置在岸上的兩條龍船及時下水，喜愛報導攝影的朋友搶著拍這一個鏡頭。

據說，一百多年來，由於上下二龍村在互相比賽的時候，從未設置公正的裁判制度，也沒有人作記錄，所以，他們都認為自己是贏家，誰也不肯認輸，如今，為了意氣之爭，他

圖一

們各自造了兩條船，在二龍河上下游各人划各人的，雖然方式和以前一樣，但競爭的激烈性卻遠不如前。

我跑到上二龍村的一座橋上，用十七毫米超廣角拍下很完整的兩條龍舟（圖一），由照片中可以看出，他們用的都是短槳，划槳的動作並不整齊，似乎是只靠蠻力在划：聽說他們平時並沒有經過練習，只有在端午節拚出全力（圖二），從中午比到日落，然後第二天再來，可以不種田、不工作，連續划上一個星期，甚至十幾天；更妙的是兩條船在起划點並沒有下開始的口令，而划到一定的距離內，任何一隊如果覺得會輸，還可以反悔，回頭重來。

圖二

就這樣，不斷反反覆覆，卻給我們製造了很多攝影的機會。直到黃昏，悶熱的太陽把我晒得皮膚發紅，照相器材在肩上似乎愈來愈重，但看到划船的選手們，個個憨厚淳樸認真的表情，使我不忍離去，禁不住為他們加油，也但願能用軟片記下這一切，留傳永久。

（刊載於大華晚報）

凌空飛躍·技高一籌——談越野攝影經驗

在我們日常生活當中，有許多非常新鮮有趣的經驗，譬如像騎馬、滑翔翼、潛水、登山等，如果我們能夠將這些活動用照相機把它記錄下來，一定會覺得特別珍貴。

然而，這些精彩刺激的活動照片，並不是隨便拿起相機按下快門就能輕易得手，其中有些需要較特殊的裝備，有些則需要較特殊的技巧、這一次，筆者想略述拍攝越野腳踏車的經驗。

一年前，市面上突然出現大量的越野腳踏車，這種車的外形和輪胎直徑都比較小，但是跑起來卻很快，它不但能跑，還能跳，凡是凹凸不平的路面，只要拉起越野車的龍頭，一跳就過去了，據說這種車子還能爬樓梯，你說神

越野車凌空一跳飛上天空

奇不？

於是乎越野車一下子流行起來了，大街小巷，常常可以看到這種車到處竄動，還不時出現特技表演，台北市的交通本來就不太好，真令人擔心他們的安全，尤其騎這些車子的大都是小孩，都是國家未來的主人翁。

看到這些神龍活現的越野車，倒使我想拿起相機把它拍下來，尤其當它凌空一跳，好像就要飛上青天一樣，騎的人和看的人都十足過癮。

越野車是一種動態的目標，拍攝時取景比較困難，如果使用長焦距望遠鏡頭，由於攝角小、景深短，不但取景困難，對焦更加困難。所以，站在投機和易拍的立場，我選擇使用標準或廣角鏡頭。

六月中的一個假日，拍照的機會來了，一部最近即將上演的電影「魔輪」，其中男女演員要做一次公開的越野車示範，地點在台北市青年公園，於是我按時前往。

那天的天氣不太好，陰偶小雨，好在不是拍人像，所以影響不大，只要表演的選手不滑倒就好。

越野車快速騎上跳板，然後凌空躍起，真是技高一籌（如圖），如果我們想要把車子的位置拍得很高，就必須盡量採取低角度，至少要蹲著拍，或是坐在地上拍，能夠躺在地上拍更好，但不太雅觀，可能觀眾都不視越野車，而跑過來看你也說不定呢！

當天，我使用了超廣角，所以把相機放在地面，鏡頭則朝向天空車子可能跳起的位置，雖然不用眼睛看觀景窗，也照樣可以拍攝，至於拍出來的是什麼模樣，還得看快門機會。

拍這種稍縱即逝的畫面，要記取時機第一，構圖次之，攝影之可貴處，在能以最短時間完成一個畫面，這是繪畫所難以企及的；當然，在這種場合，多拍幾張有絕對的必要，我們可以選擇其中構圖、姿態理想的再放成照片。

採取低角度可以把車子拍得更高

其次要談到的是如何來決定曝光的多寡，由（上圖，下圖）來看，背景大部份是明亮的天空，和地面的景物比起來，明暗差異甚大，如果相機對著天空自動曝光，則地面的景物一定曝光不足，所以必須對亮部和暗部分別測光，然後取其中間值較為理想。

在快門速度方面，不宜太慢，因為這不是追蹤攝影，速度須在一二五秒之一以上，否則易造成影像的模糊。

最後一個步驟是對焦，因為眼睛若不看觀景窗，也就根本無法仔細測距，只能靠目測的方式，事先把焦距調好，雖然只是約略的估計，然而廣角鏡頭景深很大，目測的可靠性仍然是很高的。

有一點必須注意的是，用廣角鏡拍這種誇張性的照片，相機須要盡可能靠近主體（越野車），才能發揮它驚人的效果，當然，也要注意自己的安全，不要因為太靠近了，以致越野車掉在自己頭上。

（刊載於大華晚報）

遠征東港——恭送王船寄平安

望著那升起的熊熊烈火，真令我感概世事之不可思議。金銀財寶人人喜愛，但是在神明的面前，卻能夠坦然奉獻而毫不吝惜。

七十一年十月二十六日清晨三點，台北市攝影學會一行四十人遠征南台灣東港鎮，守候在當地鎮海里的一處海邊沙灘上，因為三年一次的平安祭典——火燒王船即將在此地舉行，我們都希望能獵取這千萬人崇拜的盛況，歷史的鏡頭。

東港位於屏東縣境，距高雄以南約三十公里，是一個以漁業為主的小鎮，鎮雖小而民風純樸，百姓善良，勤於工作，只是環境衛生稍差。

民國六十三年，屏東縣政府將東港編列為「古蹟」，此乃緣於該鎮地方色彩濃厚，尤其是還有一段神奇而且為人所津津樂道的故事。

平安祭典是當地三年一度的大事，百姓均不敢怠慢，也不能等閒視之，這項活動前後一共有七天，其中以最後兩天的遷王船遊街與歡送王駕最為熱鬧，人們的情緒高昂，達於極點，這也是台北會此行的主要攝影重點。

當我們的專車到達東港的時候，是二十五日正午十二時半，四處鑼鼓喧天，人聲鼎沸，東隆宮前安放著祭典活動的主角——王船，它大約二層樓高，數十公尺長，是用木材和紙料，塑膠所搭建，由外部觀之，雕造得十分精細，與真船無異，據說船裏面放置各種日用物品，樣樣齊全，價值計三、四百萬元臺幣，令人咋舌，但是在翌日清晨，這艘王船就要揚帆火化，以慰王爺在天之靈，永保國泰民安、風調雨順。

話說東隆宮是東港鎮最早建立，也是最大的一間廟宇，香火鼎盛，各地前往膜拜的信徒，絡繹不絕；我走入宮內，原來主祀的王爺姓溫，正名溫鴻，乃唐朝貞觀時候，山東濟南人，書香門弟，自幼聰穎，稍長文武兼備，交遊四方，風雲際會，成為當朝三十六進士之一，其時天下太平，卅六進士奉皇旨巡行天下，宣揚大唐德威，卻不幸在海上遇風沈船罹難，據當時生還水手與侍從目睹，覆舟之後，海上呈現一片祥雲瑞氣，仙樂飄奏，貞觀皇帝聞此訊息，痛失功臣，認為溫鴻之死乃超脫而成神，於是追封「代天巡狩」，下旨建造

圖一

巨船，名為「溫王船」，溫王成神之後，經常顯靈，在海上保護往來船隻，屢試不爽，而東港出海的漁民都以溫王爺為其精神之所託。

平安祭典的民俗相傳至今已有二百七十年的歷史，整個過程相當繁復，也有許多的規矩和禮儀，它包括請王駕、過神火、王駕出巡、王船法會、以及這次我親眼所見的遷王船和燒王船。

下午兩點整，王船由宮前起動，巡街一周，這時候，七角頭執事人員分著七種不同顏色的服飾，敲鑼吹號，王船在前拉後推下徐徐前進，（圖一），跟隨的百姓則人人手持香火，空氣中充塞著煙味，這種場面，以攝影的角度觀之，實在是紛亂之至，如何化繁為簡，去蕪存菁，力求畫面統一而主題突出，實在是非常重要，也是非常不容易的。

王船所經之處，家家戶戶門口懸掛燈籠、供上祭品，東港鎮的街道本來就不大，這時候顯得萬頭鑽動，震耳欲聾的爆竹聲，簡直比過年還要熱鬧，老一輩的長者，看到王船將至，虔誠的當街下跪，場面至為感人，我舉起相機，二十八糎鏡頭，光圈已預定在八的位置，距離預定在二米

圖二

至無限遠中間，速度自動，不加思索地拍了下來（圖二）。

有趣的是王船太高了，一路上電信局的工作人員隨時要將擋路的電線撐起，王船才能順利通過。

在這種場合，可拍的東西相當多，尤其是從高處向下俯拍，構圖都相當理想，同行的攝影朋友想盡辦法登上住家房頂，或是攀上圍牆，擷取佳作，如此精神至堪欽佩。

圖三

這一天晚上我們返回高雄休息，但是半夜兩點就起床了，因為王船將在天亮以前在海邊定位，撐起檣桅，升上船帆，滿載著人們的祝福與祈禱而去。

當我們到達送王船的地方，時間還很充裕，有些百姓顯然徹夜未眠，靜靜的坐在一邊，氣氛是靜肅的，也真有一種送別的依依之感。

四、五點之際，王船由道士導引，七頂花燈神轎帶頭，漸漸趨近，鞭炮如排山倒海般響起，還有沖天炮、煙火，持香的民眾密密麻麻，只見人頭鑽動，海邊一帶已經成了不夜城。

六時許，群眾都安靜下來，偃旗息鼓，注視著即將引燃的王船，成堆的紙錢聚集在船身四周，滿地插著香火，王船就要燃起（圖三），這時候，一百度的底片速度三十，光圈三・五，令人安心，因為天色漸明。

壯麗的王船，已經揚帆待發，道士一番作法後，烈火侵入整個王船(圖四)，王船！你不再絢爛，此情此景，真是耐人尋味。

兩天來，相信拍照的朋友必大有所獲，同時，我們也希望各行各業均霑代天巡狩聖駕之恩澤，社會安和樂利，國家日益壯大。

（刊載於台北攝影月刊）

圖 四

一次民俗信仰的攝影

台北的天氣陰沉微雨，真使人有點擔心，但當車輪在高速公路上急速滾動，愈是往南下，愈就逐漸撥雲見日露出陽光了，大家的心情也跟著開朗起來。

為什麼天氣對我們是如此重要呢？

原來遊覽車裡滿載著四十幾位台北市攝影學會的會員們，大家有志一同，可以晚上不睡覺，可以在車上吃便當，卻不願放棄任何一個值得獵取的畫面，此行是專程南下東港鎮拍攝歡送王船的祭典盛況。

東港是屏東縣境的一個濱海小鎮，位於高雄以南約三十公里，據云當地每三年舉行一次平安祭典，隆重而盛大，其中尤以送王船為整個活動的最高潮，因為地方色彩相當濃厚，乃成為寫實攝影的上好題材。

當天下午，王船將在東港鎮上繞境遊街一周，然後再回到行宮。我們的專車也就在中午十二時半，趕到了現場。

東港鎮大小寺廟凡數十座，停放王船的行宮——東隆宮，是該鎮最大、也是最古老的一間廟宇，它興建於清朝康熙年間，距今有二百七十年的歷史。我們在宮內宮外隨處參觀，只見進香客內內外外摩肩接踵，稱得上萬頭鑽動。而空氣中則煙霧迷漫，令人頭暈、嗆鼻，香火太盛了。

正宮門楣上寫著「溫府千歲」，原來主要祭祀的三爺姓溫，正名溫鴻，「代天巡狩」則是溫王爺的封號，意表至高無上的威嚴。

「王船」是百姓對溫府王爺最崇高的敬意，也是精神之所託，雖然它只是用紙材、木料、膠布等輕質易燃物為材料建造，但是其大小、外觀與真船無異。長約十數公尺，高約二層樓房，這時候，它已經端端正正的放置在東隆宮前的廣場上，成為眾人所注目的焦點，也是眾多攝影朋友爭相獵取的主角。

令人驚訝的是，王船內部陳設日常用品，無所不包，這是經過專人一項一項檢查過，這些也都是人們誠心的奉獻。

王船被前呼後擁啟動遊行

下午二時整，王船從行宮前啟動了，爆竹聲接連不斷地震天價響起來。東港鎮的街道本來就不寬，當我們在鞭炮「圍攻」下，其景象確實令人驚心動魄。

遊行的隊伍由羅班開導，接著是內書、中軍府、大總理、副總理、內外總理，他們分別擔任這次平安祭典工作的各項重職。再後面出現的就是眾人所景仰的王船，它被前呼後擁地慢慢向前挪動。

「陸上行舟」真是奇妙，由於王船太高了，許多地方遇到跨街的電線，過不去，這時候就有賴隨行的電信局工作人員，連忙爬上去把電線撐高一點，遊行的隊伍才得繼續前進。王船之後跟隨著無數徒步的信徒，他們不辭辛勞，以能夠參與此一盛會，滿足精神慰藉。

沿著街道看去，幾乎每一家門口都陳設桌子，供上祭品，不分男女老幼，手裡拿著香，恭迎王船經過。有些長一輩的信男信女，跪在地上，是人間至情的流露，震撼人心，也成了攝影者不可放過的對象。

信徒恭迎王船經過

有人說，攝我所動心者，攝我所深知者，攝影一如寫作，在這裡有無數值得抒發的題材。

以攝影的角度觀之，從高處俯拍遊街的王船，可得非常動人壯觀的場面，因此拍照的同好無不想盡辦法，登上民家樓房，或是攀上圍牆、路邊車頂，以求佳構。雖然如此，當地卻有一個規矩，你爬得再高，就是不能爬得比王船還要高，否則被人看到，必遭責罵，遊行的隊伍也一定停止前進。

信仰帶給人們無窮的希望，無比的信心。王船的由來源於溫王爺，這是一段相當神奇的故事。

據說在唐朝貞觀年間，三十六進士之一的溫鴻出任山西知府，清廉愛民，興學育才，因此政通人和，地方大治。是時天下大平，三十六進士奉皇旨巡行天下，宣揚大唐德威。卻不幸在海上遇險罹難，據當時生還的水手與侍從目睹，覆舟之後，海上即時呈現一片祥雲紫氣，仙樂飄奏。貞觀皇帝得此消息，痛失賢臣之餘，認為溫鴻之死乃解脫而成神，於是追封「代天巡狩」，下旨興建巨船，名為「溫王船」。

王船被放置紙錢上點火燃燒

溫王成神之後，經常在閩浙沿海地區顯靈，成為化險為夷的平安護者，東港一帶出海的漁民，也都以溫王爺為其精神之所寄。祭祀溫王的東隆宮更是神功造化，神威顯赫，百求百應，遐邇聞名，萬民虔誠禮拜的信仰，每隔三年，並舉行一次隆重的平安祭典。

在整個祭典過程中，前後一共七天，包括請王駕、過神火、王駕出巡、王船法會（即今日的遷王船）和歡送王駕（即火燒王船）。以外地人的觀點言之，真是好戲連台，尤其是愈往後者，愈是精彩。

這天晚上回到高雄旅館，雖然覺得很累，但也很有收穫，清理一下攝影器材，已經耗費了四卷軟片。

半夜兩點，服務台小姐把大家一個個叫醒，我們又要出發了，因為歡送王船是在清晨天未亮以前進行的。

夜在東港是如此安祥，兼有一股肅穆的氣氛。車子穿過寧靜的巷道，只見家家戶戶懸掛燈籠，閃爍著微弱的紅光，是在惜別王船吧！

當東日昇起時王船正在火海中

「王船已經從行宮出發了，正在往海邊的途中。」當地的居民這麼說。

清晨三點，晴空萬里，十月的南台灣，秋風送爽，退潮的沙灘邊上，一片平靜，許多人徹夜守候在那兒，躺在一袋一袋堆積如山的紙錢上。這些紙錢是要陪送王船出海的，這真是一艘富有的船，足夠王爺用上三年了。

喧鬧的聲音漸漸由遠而近。

王船是由道士導引，七頂電動花燈裝飾的神轎帶頭，七角頭執事人員分別穿著七種不同顏色的服飾，扛著船桅、扶著船頭、船中、船尾，一切有板有眼。王船前掛兩隻大燈籠，後置四面三角旗，成千上萬的善信人士點著香，夾雜著鑼鼓聲、鞭炮、煙火，王船在此時顯示出至高無上的榮耀。

海濱一帶已成了不夜城。

距王船數十公尺之遙，筆者好不容易覓得一處視野較好的立足點，靜待典禮開始。

幾十個人攀上了王船，將三支桅桿撐起，然後分別昇上船帆。東風徐徐吹來，不凡的氣勢，使在場的羣眾紛紛靜肅下來，偃旗息鼓，默默祈禱，盼望在王爺護佑之下，未來的三年戶戶豐收，合境平安，國運昌隆。

片刻的寧靜好像是時間的停留，當東日昇起之時，王船也點燃焚起，頓時紙錢飛揚，香火滿地，整個平安祭典算是落幕了。人們目送著王船，依依不捨地離去，在火光和陽光交織之下，卻燃起了無盡的希望。

（刊載於今日經濟）

滄桑話湖口老街

老街興起

大家都知道台灣近年來經濟衰退、失業人口大增……好像一無是處，可是我卻發現，全省各縣市對於社區營造的規劃整修以及對文化資產的重視，卻令人耳目一新，新竹縣保存完整的湖口老街，曾被票選為台灣保留最完整的特色老街，漫步其中，欣賞老街的典雅藝術建築，大啖美味的客家料理，聆聽老街百年的點點滴滴，復古而且令人驚喜。

這一回我要描述老湖口老街的現況，相信也是攝影者心目中的好題材。

從國道一號楊梅交流道下，接台一線往南約十二公里處，沿著指標就可以抵達老湖口的老街。

湖口老街的發展可追溯到清光緒十九年（西元一八九三年），台灣第一條由劉銘傳興建的鐵路經過老湖口，也為這條街道帶來繁華熱鬧的風光歲月；民國十八年〈日據時代〉火車站遷移到新湖口，從此原來的湖口稱為老湖口，老街的商業榮景也隨著火車聲一起呼嘯而去。

但是目前這條老街建築卻奇蹟似地被當地純樸的居民保存下來，重新以文化、歷史、觀光、教育、休閒的姿態踏上新世紀的舞台，緊密地牽引著未來的脈動和願景。

目前老湖口老街的特色

1. 街上擁有桃竹苗地區出名的客家菜。
2. 星期六日有各式客家小食……阿媽肉粽、芋頭糕、客家鹹湯圓等。
3. 街上有兩家規劃不錯的庭園咖啡廳香草花園和義合園地，值得慢慢品味。
4. 街尾天主教堂新開一間西餐廳，整體氣氛營造得也算不錯。
5. 建議在星期六、日去遊玩，平時還是滿冷清的。
6. 三元宮是新竹縣定古蹟，由縣府發包修復中，目前已經完工，整體外觀相當典雅，華麗中不失端莊，可以全家親子來了解早期台灣建築結構。

老湖口老街興衰史

老湖口最早約是在一七九〇年左右形成聚落，經羅、陳、戴、葉、周、張等幾個大家族多年的拓墾，到一八六〇年左右，大湖口街已經成為一個南來北往必須經過的要道，而逐漸形成湖口地區的行政、商業中心。接著台灣巡撫劉銘傳興建基隆至新竹之間的鐵路，設站大湖口街，有鐵路之便，大湖口商業因而更為茂盛，成為竹塹地區竹塹城（新竹市）之外、人口最密集的村庄。

湖口老街也於商業發達後逐漸形成，目前所看到的湖口老街建築約建成於一九一〇年〈民國前一年〉至一九二〇年〈民國前九年〉代，由於日治時期流行西洋建築的樣式，所以，這些蓋房子的師傅很多都到艋舺（今台北萬華）一帶觀摩，順便學習各種不同的技術，以建造華麗的街屋，因此，我們可以看到西洋建築所用的拱圈、裝飾元素等，這些用泥塑、剪黏所塑造出來的人物、花樣，正代表著當時的文化。由於老街的街道整齊，建築物的立面又具有特色，而成為著名的商業街道。

一九二九年〈民國十八年〉鐵路北移，大湖口街的商業機能迅速被「新湖口」所取代，作為行政中心的湖口庄役場（相當於現在的鄉公所），也於一九三六年遷至新湖口，老湖口失去了當日的榮華富貴。

現在由於社區營造的推動以及政府對文化資產的重視，老湖口的老街又重新恢復了生機，老街的立面已整修完成，街道也進行改善，加上社區的投入，湖口老街不但成為台灣保存最完整的老街，也成為觀光景點，往日熱鬧的情況又再次展現在我們的眼前。

老街的時代意義

短短三百公尺的湖口老街，蘊藏九十年的歲月風華，紅磚、拱廊、立面雕花、牆飾，處處見證著這個從民國三年起就繁榮不絕的街市。因為湖口驛站的進駐，老街匯聚各方人馬，賣布的、賣油的、賣茶葉的行號，活絡這裡的交易，也讓老街的建築以住商混合的模式呈現。看似窄小的店門後，原來連串一長條的居家空間，這，便是湖口老街著名的長形街屋。

老街古意固然吸引人，但是要留住遊客的腳步，卻得要有新鮮的玩意。希望大家印象中的老湖口，不只是走馬看花式的地點，透過餐飲、活動以及傳承的故事，讓遊客能對老街的風貌有更多體會。所以，羅家第十八代子孫開起了香草花園；專長解說任務的大窩口工作坊也教起竹籤畫；湖口歲月咖啡坊則讓人一窺長街屋的內在堂奧；而豆之味豆腐坊的美味，連湖口人都愛吃；老街，因此有了新興的遊樂動線，

這一張照片是用數位相機拍攝，左右各拍一張，然後在電腦裡面合成。建築物的透視感很好，有老街深邃的感覺。天空色調略為平淡。

也讓遊客有更多的機會了解不一樣的老湖口。

時光遞嬗，老湖口的年歲來到文明的二十一世紀，三兩遊客穿梭迴廊間，看看剝落的雕花，瞧瞧門簷上陌生的商號，九十年前或許風光的商家，在沒有解說員的協助下，它是我輩攝影者眼中的好題材，旋不接踵，它也成了數位像機記憶體裡的一段記憶。

（本文刊載於九十六年七月台北攝影月刊）

發掘「深坑老街」的地方特質

日前到深坑老街及周邊攝影，有感而發。

深坑老街舊空間的再發展，必須正視經濟效益，以求其可行，但若僅以「利益」放為再發展的唯一目標，毫不考慮其他非利益的「價值」，勢必導致扭曲的發展，形成另一種必然令人後悔的浩刼。

當然，舊空間不可能完全凍結，保存原來的生活方式；但也無須全面置換。對規劃者而言，最關鍵的核心價值，在於如何扮演自覺的角色，在政府或開發商的決策過程中，適時注入一些可以被接納的規劃，以謀求一些非利益的價值理念，得以存續下來。其中，最重要的一個專案，就是抽象的空間「人文性」保存。

所謂的空間人文性，不應僅只於外在的形貌，更深層而言，對於原本在歷史街區中的文化生活、歷史意義以及潛藏的文化價值，都應該被視為努力存續的重大課題，雖然表面上看起來似乎無形，却不能不重視。

歷史街區的人文性無法精確的展示實質內容，籠統而言，就是能夠令人真實感受到在這個有歷史的老街，有「獨特的」生活感覺……當地特殊的地方工藝、飲食、產業、社會生活的步調、人與人之間的交談互動、日常生活方式、節日慶祝的方式，當然，還有老街自然成長的歷史和周邊共生的自然風景。

當然，我們最擔心的是「外來性文化」、「利益集中於外來」、「地方特色無法突顯」。如果是這樣，不但談不上歷史保存，連「再發展」的意義也會喪失，老街的人文性便會連根拔起，成為一個「去文化」空間軀殼。

打造生態建築典範、陶塑人文美學空間；現在，就來看看我們所拍的深坑老街的景貌，部分街屋正陸續在重建，逐漸顯現歷史文化的特色；至於老街的商機在哪裡呢？你只要看看洶湧的人潮就可以感受，以後老街重建完成，應該更吸引人；至於老街周邊的自然風景，也是頗有可觀，但現在似乎沒有被重視，還有待再開發。

菁銅坑天燈的由來

談到天燈的起源，不得不提到三國時代的諸葛孔明。當初諸葛孔明是為了要傳遞軍情，才製成了孔明燈，以利聯絡。又因為天燈狀似諸葛孔明頭上的帽子，也因此天燈又名作孔明燈。當然也有人說這是野史，認為只是個穿鑿附會的說法，不管如何，跟諸葛先生連結，讓天燈的起源確實有個相當智慧與符合邏輯的推理。

經過多年的發展，後來到了大約清朝道光年間，大陸福建移民也將天燈傳入台灣的台北縣平溪鄉、十分寮地區。據當地父老前輩的口述表示，早年十分地區曾鬧過土匪，由於當地處於山區地帶，所以村民們自然的都向山中逃躲，等土匪走後，留守在村中的人，就在夜間

施放天燈作為信號，告知在山上避難的村民，可以返家了。恰巧的是當日由山上避難回家的日子，正是農曆正月十五即是元宵節，從此以後，每年的元宵節，村民便以放天燈來慶祝，且互報平安。也因此村民又稱天燈為「祈福燈」或「平安燈」。

於是呢，放天燈的特殊民俗便綿延一兩百年之久。因為近代傳媒報導，使天燈的名聲大噪，成為台灣的一種家喻戶曉的節慶活動，遂擁有眾人皆知的『北天燈』之美名，與『南蜂炮』並稱。

喜慶攝影經驗談

只要會照相的朋友，都有機會替自己的親朋好友拍攝婚禮習俗的照片，相信有過這種經驗的影友，一定會覺得很有趣味很有意義，當然，也很辛苦。由於自己從讀書到就業，許多同學朋友相繼成了家，我也因此累積了無數次替別人拍結婚照的經驗。

通常，若是答應替朋友拍喜慶宴會的照片，在心理上要擔負比較重的責任，因為一個人畢生只結一次婚，照片拍壞了沒有機會讓你重拍，徒然留給當事人無限懊惱和惋惜，所以，身肩攝影工作一定要特別謹慎，以萬無一失的準備替新郎新娘留下永恆的回憶。

我覺得廣角鏡頭景深大、對焦方便，利於快速搶拍，

眾星拱月，新娘最是美麗出眾

應是結婚攝影的主要工具，其中又以廿八毫米最具代表性，在室內照相可以和閃光燈並用，以便補足陰暗面的層次，所須的電池以零買的乾電池比較方便，我習慣一次準備十餘個，除了閃光燈放入四個電池以外，相機附加電動捲片器也至少須要四個電池，餘為備用。

電池的電力不足會造成閃光燈的回電延遲，如果因此而漏失了重要的鏡頭，那才是得不償失。

大喜的日子，必須略為提前到達預定的地點，在這種場合，攝影者應有一夫當關的氣概，也就是說，不可遺漏任何一個可拍的鏡頭。

由於最後所要得到的照片，不是僅有一張照片，而是一套完整的照片，在這一套照片中，該是有系統的拍攝到靜態的、動態的畫面，使人瞭解到喜事的時間、地點環境、婚嫁過程、主要人物等，所以我們也就環繞著這些內容來找尋攝影的題材。

結婚或訂婚的方式非常多，但總離不開迎娶的習俗、交換紀念物品、室外風景區的留影、宴請賓客等，因此，我們也很可能跟隨這對新人忙上一整天，在這些活動中，攝影者貴能未卜先知隨時可能出現的場面，必須主動站取有利於攝影的位置，擷取佳構，我們希望每張照片都是在很自然的情況下被拍下來。

當新郎新娘面露疲態或出現尷尬的表情時，就應該暫時停止緊迫盯人式的攝影。

有時候，請新娘替新郎調整一下領帶，或是請新郎為新娘整理一下禮服，在這些誘導動作的交談中，往往會重新出現攝影的好機會。

按快門的「機會」有時候是要等待，但也有時候是要自己去創造的。

婚禮中鬧哄哄的場面常使攝影新手感到惶恐失措，但只要能掌握到以下幾個重點，仍可算是稱職的攝者，——譬如結婚儀式、來賓致詞、宴客時簽名處、主人招待客人的畫面、新人敬酒、以及雙方的家屬等，都不能疏漏；除此而外，我也曾經進入廚房、跟到新娘化粧室，獲取不少可觀的照片；如果是訂婚，多半在家中進行，男方帶來的禮物、及女方準備的糕餅、家庭中喜氣洋洋的佈置與眾多的賀客（如圖）都足以襯托主題，可充份利用。

依賴閃光燈做攝影的主要光源，可以說很實在，但不要忘了把相機置於X同步，快門調至$\frac{1}{60}$秒（有些相機可使用$\frac{1}{125}$或$\frac{1}{250}$秒），否則拍出來的照片會全軍覆沒。

進一步言，閃燈攝影雖然方便，卻難拍出藝術氣氛，我們若將燈光射向房頂，再讓它反射下來，可得較柔和均勻的光線，避免主體背後出現強烈的陰影；但光線經過一次反射，相機光圈宜開大二級左右。

有時候，把快門速度放得稍慢一點，或利用十字紋鏡等附件來取得變化，可將現場氣氛拍得更加濃厚而熱鬧。

總之，結婚攝影不僅是忠實的記錄，亦需靈活運用基本的知識和技巧。

（刊載於中華攝影周刊）

春節在台灣

營區裡敲鑼打鼓放鞭炮，舞獅又舞龍，快快樂樂過春節好不熱鬧！在風和日麗中，聽到那狂擂的鼓聲，使我從心底都高興起來。

在台灣因為近年來的建設突飛猛進，生活形態也隨著轉變，工業化和小家庭制度簡化了許多過農曆年的繁文縟節，但是在我們的傳統習俗上，無論大人小孩，仍然懷著興奮愉快的心情，來享受這份喜氣，尤其是年終的大掃除、辦年貨、貼春聯、祭神祭祖，都顯示著中華文化的提昇和發揚。

根據本省的習慣，臘月廿三日要「送神昇天」，從此揭開了過年的序幕，傳說這些神祇都很有人情味，吃了一頓好的，在玉皇大帝面前就盡說好話，隱惡揚善。所以老百姓在這一天都準備了雞鴨魚肉、糖果年糕，點上香燭，祭拜一番，送他上天傳好事，下地保平安。諸神一直要到大年初四才回轉人間；在這段新舊交替的日子哩，地上惡鬼乘機活動，因此人們的行為舉止要講究「迎祥賜福」，其中貼春聯、放炮竹就有驅鬼避邪的意思。習慣上，過年還要講吉利話，譬如東西「吃完了」、「用完了」、「沒有了」，則要改口說「吃好了」、「用好了」等等，我國古來那種祥和樂利的氣氛，真是表露無遺。

年貨是要趁早準備的，因為初一不煮飯、不用刀，年菜非囤集不可，自己家裡雖然人口不多，但是每逢過年母親總要做些應景的年糕、香腸，買點水仙、糖果蓮子、長生果（花生）；年夜飯上少不了魚，表示年年有餘，還有豆芽，表示年年如意，母親不忘夾些芹菜給我，希望我來年做事更加「勤」奮，中國人的巧思與含理寓意，真是好極了。

依照台灣風俗，拜神祭祖要用祭品，尤其是虔誠的佛教信徒，更不忘讓神明祖先也過一個豐盛愉快的年，除夕這天拜的是所謂天公玉皇大帝，供桌的中央擺上清一色的素菜，因為玉皇大帝是吃素的，兩旁放著的雞鴨魚肉則是給玉皇大帝身旁的諸神們吃的，然後全家大小上香，默禱，未來的一年又該是順順利利的了。這時候，炮竹聲間續不斷，由疏而密，守歲一直要過子夜，到了零點，舊歲就在炮竹聲中消逝，又是一年的開始了。

正月初一是歲首，開門第一件事就是放鞭炮迎春，以紅白年糕祀祖，然後幼輩向長輩拜年。大家穿著新衣，臉上掛著笑容，親朋好友見了面互道「恭喜」，大家吃糯米湯圓或甜湯桂圓，意思是「甜蜜」、「團圓」，如果在農家，這一天還要祭祀土地公，祈望風調雨順，平平安安。初一不掃地、不洗碗筷，為的是怕春節的那份吉祥喜氣給掃掉、洗掉了。年初二則是嫁出了的女兒歸寧的日子，出嫁的女兒都要在這一天偕同女婿回到娘家，向父母拜年，那份親情和禮貌，做長輩的都會滿足又快樂。

春節，是我們中國人傳統的休閒日子，這種熱鬧的氣氛一直要到上元燈節，才算是真正過完了年。在這一元復始，春回大地的假期中，應是家人團聚的日子，而平日咫尺天涯難得謀面的親友，也趁此大好春光，握手話舊，這些都會帶給我們無盡的溫暖與歡樂，讓我在這裡也祝福大家在新的一年平安！進步！

（刊載於忠勇報）

走過歲月

攝影與印刷

在國內，如果想要學習攝影，有幾種方式，當然，最常見的是以興趣為基礎，加上個人的摸索，或是參考市面上相關的書籍（事實上，關於攝影的中文書並不多），進一步參加攝影團體、攝影活動，鍛鍊實際的攝影技術。

近年來，則有攝影訓練班的出現，雖然數量並不多，但是也顯示了我們社會文明的進步，正逐漸需要這方面的專業人才。

攝影已經不僅限於個人的興趣或娛樂，而成為一項新興的行業，因為新婚要攝影、做廣告要攝影、報導消息要攝影……它是多彩多姿的，具有發展潛力的，在今天的社會結構裏，攝影和新聞事業離不開，和大眾傳播密不可分，如果欲求攝影作品和廣大的群眾接觸，則又必須要借重印刷，單靠暗房所生產的有限照片實無法克盡其功，而同好們每個月所看到的「台北攝影」月刊，就是攝影與印刷結合的很好的例子。

除了前述利用自修或訓練班可以習得攝影技藝外，令人抱憾的是，它們大都缺乏學理的基礎，而僅僅是術科的專攻，如果想要從學校科班中學習攝影，目前較多的攝影課程都開設在印刷科系中，這是因為現代的印刷原理完全仰賴攝影，而與一般人所認知的傳統鉛字活版印刷大異其趣。

筆者在本文要敘述攝影和印刷之間的淺易關係，並介紹大學印刷學系所開有關攝影的課程。

如果讀者用放大鏡仔細觀察照片和印刷圖片的差異，可以發現，照片的色調層次是連續的，而印刷品的圖片則是由大大小小的網點所構成，我們可以這樣比譬：如果說照片的層次好像是小提琴的音色，它是連續的，而印刷品圖片的層次則有如鋼琴的音色，它是由一個音符，一個音符敲擊出來的，乃是點的構成，兩者完全不一樣。但是印刷圖片卻要以攝影作品為原稿，由連續調層次經過印刷廠的製版照相，變成網點來表現，其效果頗堪玩味。

一般來講，攝影作品經過印刷過程的反覆翻照，過網，其質素顯得低落是正常的現象，所以，印刷工作人員以製作盡量和原稿接近的成品，是他的職責，事實上，如果要求一張效果良好的印刷品，是需要許多條件來配合的，我們如果檢討「台北攝影」月刊的印刷效果，一定有許多同好覺得不甚理想，吾人試著分析其中的原因，可以歸納如下兩點：

一、彩色印刷應以彩色幻燈片為最佳原稿；彩色照片也只適合做彩色印刷。而「台北攝影」卻經常將彩色照片做成黑白印刷，，因此常有「慘不忍睹」的現象，不明究底的同好還以為優選、佳作就是如此程度的照片；但是，北攝會也有不得已的苦衷，因為經費有限，彩色頁數必須做一定的限制，部份只有將就用黑白印刷了。

二、放大或縮小的比例不當。通常原稿要製成印刷品，其放大或縮小的比例有原則上的限制，大約是四、五倍左右，如果放大倍率過大，會造成網點粒子的粗化，清晰度大受影響，反之，如果縮小的倍率過大，則會失去中間層次，有偏向高反差的現象。同時，在放大和縮小的比較上，縮小要比放大來得理想，所以筆者幾次提供北攝會的照片稿，一定採用黑白照片（因為知道一定是用黑白印刷），而且用五乘七尺寸，使其在製版照相時，略為縮小，所以每每在印刷後仍能保有相當的層次，甚至質感可見。

印刷，對於攝影作品的再表現，實在配合了高度的科技與藝術，學印刷的人不能不懂攝影，所以，文化大學設立全國唯一的印刷學系，課程中就安排有普通攝影學（四學分）、攝影實習（二學分）、商業攝影（四學分）、色彩學（四學分）、製版照相學（二學分）、製版照相實習（三學分），另有相關課程如照相物理學（六學分）、照相化學（四學分）、照相材料學（四學分）等，每學年並舉辦攝影比賽、攝影展等活動。

對於一位愛好攝影藝術者而言，在國內目前雖尚無一攝影學系，進入印刷系實在也可算是學習攝影的一條正途，因此，筆者誠懇地向國內攝影界推介該系，使有志攝影的年輕朋友能踏入這個環境，接受歷鍊，幾年以後，我們的印刷界、設計界、廣告界，將顯見一批術理兼備的攝影新秀，將攝影藝術帶進我們的日常生活圈子，提升我們的文化水準。

（刊於台北攝影月刊）

廣角鏡頭的特性與使用

記得在幾年以前，筆者還在學校讀書，就對攝影特別偏愛，因為鏡頭下的天地實在迷人，經過相機的攝影作品和當時親眼所看到的感覺往往是不一樣的。

那時候，父親送我一台他以前使用的名牌相機NIKON，配帶五十米厘光圈二・八標準鏡，每逢假日，我在攝影會中擠前擠後，也拍得不亦樂乎；但是，近年來攝影器材不斷的改良，包括相機的小型化、曝光的自動化、捲片的自動化，以至於閃光燈攝影的自動化，吸引我不得不從善如流，先後購進新型的照相機和交換鏡頭。

單眼相機可以交換不同焦距的透鏡，是它所具有的最大特色之一，許多朋友購置了單眼相機，卻永遠只用單一的標準鏡，那就和使用雙眼相機沒有太大的差別了。

在許多的交換鏡頭中，令初入道的朋友難以定奪的是——到底該先買長鏡頭還是先買廣角鏡？

事實上，也真的很難取得一定的答案，因為長鏡頭的特寫效果和廣角鏡的強烈透視性給人的感受完全不同，只有隨各人的喜好來取捨，但是值得注意的是，在一般的用途中，廣角似乎比望遠有更多的使用機會，因此，雙眼相機所配用的鏡頭大多趨向廣角設計，譬如像四五米厘、四〇米厘、卅八米厘，甚至於卅五米厘等。

隨著鏡頭焦距的縮短，拍攝角度也就愈廣，在近距離可以拍得寬闊的場面，這種特點，在宴會席間或是團體合照尤能充份發揮；以單眼相機而言，卅五米厘不再是廣角鏡的主流，廿八米厘似乎有更廣的視角，約七十五度，閃光燈的照射面積也足以涵蓋，所以廣為用家所喜愛。

在這歲暮的時候，親朋好友間喜事也比往常多，讀者一定有機會擔任攝影的角色，如果備有一支廿八米厘廣角，加上自動閃光燈，再有一台電動捲片器，可以讓您靈活掌握每一個可拍的機會。

廣角鏡的另一個特性是景深範圍很大，不像使用望遠鏡頭要非常精確的對準，否則景像就模糊不清，對於一些突發性的事物、瞬間的變化，或是不宜長時間瞄準取景的對象，可以用廣角鏡

做概略性的目測對焦，然後舉機就攝，即使距離稍有不符，也可以得到清晰的畫面。

由於攝角廣闊、景深大的先決條件，使廣角鏡頭拍得的畫面，對被照體相互之間的距離感頓然明顯起來，接近鏡頭的景物看起來會覺得更近，相反的，遠離鏡頭的景物會覺得更遠，這種特點，使平面的照片產生了立體的感覺，這是望遠鏡頭所絕對做不到的。

廠家在設計廣角鏡頭時，依攝角寬廣的程度分成很多階段，比廿八米厘更廣的透鏡還有廿四、廿一、十七米厘等，以致於焦距極短的魚眼鏡頭，攝角可達一百八十度，讓愛用者有多種選擇的機會，如附圖所示，是採用十七米厘超廣角，攝影地點在臺北市敦化北路，以流線型的跑車為前景，現代化的玻璃大樓為背景，由於採取仰角拍攝，前景顯得變大，而背景又向上逐漸縮小，人物居中，所以不變形，整個畫面看起來，令人有一種誇張、時髦的感覺；廣角攝影要產生這種效果，在拍攝時必須大膽的、盡量靠近主體，這一點非常重要。

十七米厘雖已列入超廣角，攝角約一〇四度，但在取景時如果把相機端正，被照體變形的程度卻微乎其微，反而那寬廣的視野使我深深喜愛它，當我用慣了這一支鏡頭，再拿起廿八米厘拍照時，竟忽然覺得有點不太順眼，還以為這是一支標準鏡呢！

（刊載於大華晚報）

氣氛的體驗、捕捉與改造

我們的眼睛總是喜歡看美的事物，在自己的生活環境中，從早晨起床、上學，或是上班，然後晚上回家，在任何時間、任何地方，一定會發現有些東西看了很舒服、很有趣，每遇到這種情形，我就會想拿起相機。可是時間久了，同樣的事物經歷的次數多了，習以為常，也就不以為奇、不以為美，不再覺得可貴。

喜愛攝影的朋友一定常有一種感覺，就是無處可去的感覺，可拍的東西似乎拍遍了；如果攝影的天地真是如此狹小，豈不可悲。

常見北部的人到南部玩佳樂水，而南部的人卻包著遊覽車趕到基隆看野柳風景，這就是新鮮感，沒有去過的地方都足以令人好奇；可是攝影者不能像觀光客一樣，他除了要走得遠、看得多以外，還要能看到細緻處，這種著眼的角度絕非走馬看花所能洞察。

如果有了這種想法，可以入鏡的題材就多矣！

因此，拿起你的相機，在不同的時間、不同的天候重遊舊地時，我們會發現，那川原海嶽、風景名勝，原來另有妙境。

所謂好的攝影作品，並無深文奧義，它只是將人生世物中特別新鮮有趣的表現出來而已，在日常生活中，特別新鮮有趣的東西在那裏呢？我們不容易「見」著，因為一成不變的習慣蒙蔽了我們的眼睛。

有時候，當我看到別人一件好的作品，才猛然覺悟到，如此美景，為什麼我去的時候沒有發現？或是當時看到了而不以為然。

傑出的攝影者就有見常人所不能見的本領，他的眼睛是點鐵成金的眼睛，只要生命生生不息，新的發現也就生生不息，他們對於人生世相的解悟和留戀是如此的敏覺，令人羨慕，令人激賞。

攝影是培養趣味的最好媒介，在工作之餘，我把玩攝影，當真的玩，深覺攝影的功

圖一：白雞廟內景實況

圖二：經過暗房色調處理以後

能不只是存真，還可以創造，所以，攝影是藝術。

其實，藝術的世界也還是我們日常所接觸的世界，——是它不經見的另一面；它不經見，是因為我們站得太近。想要看到這一面，必須離開日常在我們四周所畫的那一個圈圈，把世界擺在一個距離以外去看。

同是一個世界，站在圈子裏看和站在圈子外看，景象大不相同。

有一次，我聽說臺北縣三峽的白雞廟很有名，於是利用週末下午不上班，和同事趕了去，親眼看到以後，才發現不過爾爾，論規模比不上臺北的行天宮，論環境比不上北投忠義廟，我想三峽當地的人也不會覺得白雞廟有什麼新奇，但我總不願空手而回，幾經觀察拍下了（圖一），帶回家經過格放和色調處理後變成（圖二），氣氛濃厚深重，和當時的現場完全不同，這種感覺，卻是在臺北任何一座廟院所不易獲得。

我覺得，藝術的世界仍然是由我們日常所接觸的世界中發現出來的，藝術的創造乃是舊材料的新表現，當我們取旁觀的態度看一件東西，於是見出事物不平常的一面，譬如我看「博愛路」是一條街，關心的是它有沒有適當的角度構成攝影美，街上的行人車輛是否在理想的位置，至於博愛路可以通往北門郵局在攝影上就不重要了。

由（圖二）來看，它是得自白雞廟，是實景，而氣氛卻是在暗房中塑造出來的，所以說，藝術和實際人生本來就有一種距離，在情理之中存在幾分不近情理，於是，嚴格的寫實主義是不易成立的。

如果我說，是藝術就免不了有幾分形式化，免不了有幾分不自然，不知道讀者以為然否？

攝影的道路是艱辛的，往往花很大的心血得來的照片，而別人卻以為稀鬆平常，這就是攝影的難處，如何化平凡為不平凡，化腐朽為神奇，必須要經過一番冷靜的觀照和融化洗鍊的工夫，這也是每一位同好所奮力追求的吧。

（刊載於中華攝影周刊）

交換鏡頭探微——談單眼相機的交換鏡頭

在我們這一個自由富庶的國度裏，有一個非常奇怪的現象，就是單眼相機異常流行，只要是生活稍有餘裕，嚮往擁有一台相機的朋友，大多會把目標指向單眼相機。

但是單眼相機的卓越處乃在於配件繁多（尤其是鏡頭），如果想只用一支標準鏡拍遍天下，那實在是枉費了這台高級相機的功能，其效果也就和一般的雙眼相機沒有什麼差異。

單眼相機的交換鏡頭，其種類之多，足以令人眼花撩亂，如果事先沒有一個基本的打算，在選購的時候，還真是不容易下手。

如果以拍攝的函蓋角度來區分，比標準鏡角度廣的稱為廣角鏡；比標準鏡角度窄的稱為望遠鏡頭，又稱為長鏡頭。

常見而且流行的廣角鏡頭有卅五 MM，廿八 MM、廿四 MM 等，望遠鏡頭則有一〇五 MM、一三五 MM、二〇〇MM 等，很多人都知道，傳統而又最常見的鏡頭搭配有兩種方式：第一種是廿八 MM 廣角、五十 MM 標準鏡、和一三五 MM 長鏡三支組合而成；另一種方式是由廿四MM、卅五MM、一〇五MM、二〇〇MM和標準鏡等五支組合而成。

最近十年來，伸縮變焦鏡問世，攝影者利用它可以站在原地不動，而將景物拉近或退遠。沒多久，在攝影活動中竟然幾乎人手一支變焦鏡頭，這種工業產品的品質不斷改良，而價格卻不斷下降，使用者對它產生無比的信心和興趣，如此一來，以前的定焦鏡頭逐漸沒落了，而前述近乎金科玉律的組合方式也被打破，真沒想到，科技的進步會造成攝影界如此巨大的變易。

七月中旬，筆者連續兩天在外貿協會展覽館仔細觀察單眼相機用的交換鏡頭，得到以下幾個印象，這也正是今後此類產品的共同趨勢，鏡頭是一部相機的靈魂，吾輩是相機的愛用者，豈可不加以關心！

首先，變焦鏡頭在以前給人的感覺是太重、太大、呈像素質較差，如今這些問題都逐步改善，鏡頭口徑趨向於五二至五六MM，和標準鏡頭已沒有什麼差別，論重量一般也在六百公克左右，甚至更輕，拿在手上使人覺得舒適，不再感到是一種負擔，變焦鏡頭在外觀和重量上經此重大的突破，也就使人感覺親近很多，而定焦鏡頭也就漸漸失去了它原有的市場。

另一個令人關心的問題是變焦的範圍，在望遠部份，顯然八十至二〇〇MM是最具有代表性的一支鏡頭，多年來盛行不衰，但是若要選一支兼具廣角和望遠的鏡頭，就值得三思了，因為這種型式近年來變化最多、也改進最多，早期的卅五至一〇五MM流行了一段時期，後來出現了廿八至八十MM，廣角部份顯然有了進步，而在這一次視聽器材展覽會中，竟赫然看到廿八至一〇〇MM和廿八至一三五MM的新產品，那些偉大的科學家和設計師們，可竭盡了心力，攝影者若擁有這種產品，真可以發出「一支鏡頭走天下」的豪語，因為，它已經包容了一般攝影最常用的範圍，只是目前價格都在萬元以上，可說是身價不凡，卻也是物有所值。

當然，目前的變焦鏡還是有它的缺點，譬如說光圈冂徑仍不夠大，許多變焦鏡頭的光圈值設計往往只能達到四，這些鏡頭在使用時便會發現對焦點很困難，真是美中不足，尤其在光線較暗的場合，用變焦鏡更會有力不從心的感覺。

另有一些變焦鏡的缺點，在廣告上看不到，售貨員不會告訴你，在鏡頭表面也看不出來，就是當使用廣角部份攝影時，四周往往會出現暗角，而在使用望遠部份攝影時，又容易產生強烈的光暈，這是許多人所不能忍受的，但是若不經親自使用，實在無法事先知道。

如果對單眼相機使用的鏡頭有了以上初步的認識，自可以權衡輕重，選擇自己所需要的鏡頭，而不必人云亦云，一味學樣；要知道，變焦鏡頭雖如風起雲湧般的流行，而傳統的定焦鏡目前仍有其生存競爭的條件，筆者在使用八〇——二〇〇、廿八——八〇MM兩支鏡頭之後，又重新考慮一三五的定焦鏡頭，這也是一般人所難以想像的吧！

（刊載於大華晚報）

鏡底乾坤變化多——談長鏡頭的特性與使用

在攝影的效果而言，長鏡頭往往會帶給人一種新奇、意外的感覺。長鏡頭也稱望遠鏡頭，它就和一般的望遠鏡一樣，能夠分辨遠處肉眼所不易看得清楚的東西，是拍攝特寫的有利工具。

以卅五毫米小型相機為準，凡是焦距長於五十毫米的都算是望遠鏡頭，常用的望遠鏡頭有八五mm、一〇五mm、一三五mm、二〇〇mm等，其中八五mm是拍攝人像的利器，一三五mm使用的人最多，當然，也可同時購買一〇五和二〇〇mm兩支鏡頭，就顯然更為完備；目前在市面上流行的另一種伸縮鏡，可從七〇變焦至一五〇mm或從八〇變焦至二〇〇mm，在攝影時取景格外方便，以上各種鏡頭可說各有優劣點，所以，也各有其銷售對象。

望遠鏡頭比較長，體積較大而且重，拿起來確實很拉風，在攝影會中這種鏡頭隨處可見，但是，在實際使用時，這種鏡頭卻是非常不容易操作，首先，它很重，很難抓得穩，因此，須要以相當高的快門速度來配合。

很多具有多年經驗的老手也不能避免因為相機的震動而把照片拍成模糊，所以，有一派特重質感的攝影者即使在大白天戶外，也一律使用三角架拍照，我們雖不必一味學樣，至少在按下快門的一瞬間，要暫時停止呼吸，(好像射擊打槍一樣)將相機緊貼在臉部，一隻食指輕按快門，使震動的影響隆至最低的程度。

其次，同樣的光圈，長鏡頭的景深要比標準鏡或廣角鏡短得多，所以，要把主題拍得清楚，一定先要很準確的對焦，長鏡頭欲求快速準確的對焦實在不太容易，需要一再演煉操作，才能掌握其中的要領。

瞭解了以上諸點，我們可以大膽的提起相機，小心的運用長鏡頭，在攝影天地間發掘令人驚訝的畫面，你可以站在比較遠的地方，拍攝表情自然的人物，也可以利用前後距離的差異，將不必要的東西，排除在景深之外。

長鏡頭在某些場合，尤其可以發揮它的功用，譬如在觀眾席中做舞台攝影，在人羣中擁擠的攝影會中拍特寫，在運動場中拍競技，在郊外拍野生動物等，甚至要用到兩百毫米以上焦距特長的望遠鏡頭。

記得去年夏天，台北市攝影學會在淡水沙崙海水浴場舉行攝影活動，暑日炎炎，除了嬌艷的泳裝模特兒以外，海灘上擠滿了人潮，我手持七五至二〇五毫米變焦鏡，在戲水的男女壯幼間找尋可拍的題材。許多生動活潑的畫面會因為長鏡頭的運用而輕易得手（如附圖）當然，如果目標是動態的，會增加攝影時捕捉焦點的困難，但這也正是晉練攝影技術的好機會。

單眼相機由於交換鏡頭的運用，使攝影的領域擴大很多，同一個景，同樣的內容，會因為使用不同的鏡頭而產生迥異的效果，在何種環境下該用何種鏡頭？如何能當機立斷做最正確的選擇？這實在是攝影的趣味與奧妙所在，也是酷愛攝影的同好所樂於孜孜追求的。

（刊載於大華晚報）

長鏡頭使用時，須保持穩定和準確的對焦

簡介：尼康FE

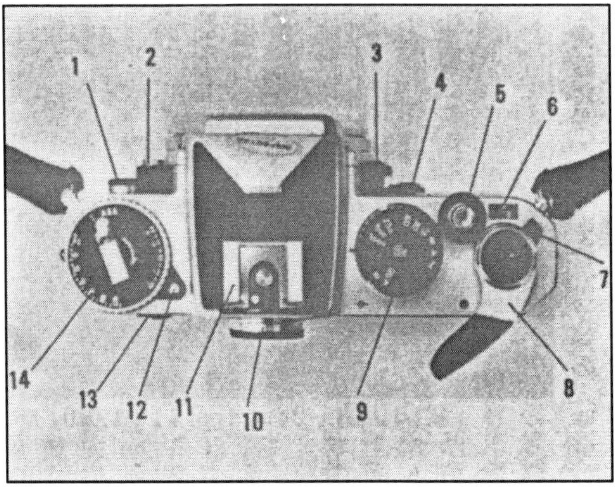

圖片說明：

1. 閃光燈電線插座。
2. 鏡頭裝卸鎖。
3. 景深預觀器，可兼做收縮光圈或自動曝光。
4. 自拍器，可兼做測光記憶。
5. 快門按鈕。
6. 軟片記數表。
7. 重複曝光撥桿。
8. 捲片桿，兼電源開關。
9. 快門速度轉盤。
10. 觀景器。
11. 閃光燈插座。
12. ASA感度置定鎖。
13. 電池電力測試燈。
14. ASA感度及曝光修正轉盤。

在目前的相機市場中，由於廠牌繁多，各種牌子又分許多機種，足以令人眼花撩亂，而每一種相機都吸引著我去認識它，在這一期的台北攝影，我選擇了尼康FE來加以介紹，必須要聲明的是，本文用辭都是個人的感覺和喜惡，僅給讀者做多一個參考而已。

尼康（NIKON）相機在台灣似乎具有相當高的知名度，在日本相機廠家中，尼康的鏡頭素質大家都認為不錯，機身給人的印象是堅固、結實；當然，任何一種相機都不可能十全十美，FE也有其弱點，但不影響照片品質，端看我們如何操作這部機器，而它眾多的優點仍然是相當可觀的。

【規格】

一、鏡頭：五十毫米F一．四，最小光圈十六，最近對焦距離四五公分。

二、快門：電子控制金屬焦點平面快門，速度由八秒至千分之一秒，另有B快門，M、X閃光燈同步和自拍器。

三、觀景器：固定眼平觀景器，可更換對焦板。

四、其他特性：由兩個一．五伏氧化銀電池供應電力。矽感光體置於接目鏡的兩旁。中央重點全開光圈測光。先定光圈自動曝光。備有正負二級曝光補償，也可用手調追針式測光，並可收縮光圈做手動或自動曝光。觀景窗內有快門、光圈、曝光過度和不足指示。具測光記憶鎖。景深預觀器。自拍器。快門鎖。閃光燈直接接點插座。電池電力測試燈。可裝配電動捲片器。

【快門速度】

當手動控制快門速度時，測光錶針指著它所測量出的快門數字，而另一支綠色透明的指針，會指示到自己所選擇的快門數字，快門啟閉動作完全由電子控制，但另有兩機械快門可用：一是M，為九十分之一秒，另一為B快門，供長時間曝光，選用這些機械快門時，觀景窗內綠色的指針就會指向M或B標誌。

【觀景窗】

我們由觀景窗中望去，標準裝備的K型對焦板，是中心裂像及外圍微稜，左邊有快門速度及指針，上邊有光圈數字顯示；當快門速度盤轉至AUTO時，測光錶黑色的指針便隨我們所選擇的光圈，指向相應的快門速度，而另一綠色指針則指在快門速度表最上方的「A」上。

FE的接目鏡框是用橡膠製成，觀景器相當明亮，影像反差良好，但是，當我們的眼睛正對觀景窗的時候，卻發現左方的快門數字很不容易看得清楚，原因是數字太細小，而且也太靠左邊了，在實際攝影操作時，顯得並不方便。

【測光機構】

FE相機具有多種曝光方式，除了上面談到的直接全開光圈自動曝光外，還可以拿著相機靠近主體來測光，然後把自拍器桿推向鏡頭接環，測光錶的讀數便會被鎖住，直到將自拍器桿鬆回原處，或按下快門，該記錄才會取消，但觀景器內的測光指示並不隨自拍器桿的推動而鎖定，仍然依照環境光度的變化而移動。

將ＡＳＡ指數盤的外環拉起旋轉，可以操作自動曝光補償，同時，在觀景窗內可以看到測光指示的變化。

【電子閃燈同步】

我們將快門速度盤中樞鈕按下，就可以把快門速度盤轉離AUTO，F E的閃燈同步快門速度最高為一二五分之一秒，靠電力操作；另有一M刻度，是九十分之一秒，由機械操作，此外，插上尼康專用的SD-10閃光燈之後，快門會自動跳到九十分之一秒，而且，當充電完成，接目鏡的上方有燈號顯示，設計堪稱進步。

【重覆曝光】

和尼康其他的相機一樣，把軟片前捲桿向外拉三十度，就開啟了測光錶電路，同時在相機機頂也可以看到一顆紅點，表示測光錶已經打開，整個捲片角度為一三五度；捲片桿的前方有一個重拍桿，將它推向機背，同時拉動捲片桿，就可以進行重複曝光，軟片計數器也不會變更。

【快門鎖】

快門鎖和電源開關同時作用，也就是說，一定要把捲片桿拉出三十度，快門才能按得下去，這一點，對使用左眼看觀景窗的影友十分不方便，因為在攝影取景時，右額正好頂在突出的捲片桿上，非常不舒服，而且，捲片桿一但被頂回去，快門就不能操作了。

【電力測試】

ＦＥ的電力測試位於機身的背面，一個紅色的指示燈，外面有一個同軸桿，將此桿下撥，如果電力充足，指示燈便會亮起。

【自拍器】

此型相機的自拍器可以中途取消，自拍器啟動以後，鏡頭光圈就會收縮，反光鏡彈起，可以避免曝光時反光鏡震動的影響。

【其他】

可更換對焦片也是ＦＥ的一項特色；同時，裝上MD-12電動捲片器之後，可以做單張自動捲片或是以每秒三・五張的速度連續拍攝，使這台自動化的相機具有更高的機動性。

由以上的說明可以看出，ＦＥ相機具有多方面完整的功能，足夠應付一般性的使用，其售價在台灣目前約為一萬三千元左右，但要注意的是，尼康的配件均較其它廠牌略高，我們需擇要購置，不必浪費。

（刊載於台北攝影月刊）

我的攝影歷程（一）

每當看到攝影界某人舉辦攝影展，我心中就會興起一陣感愧，尤其近年來新人輩出，往往這些展覽的主人，竟然是二十來歲的年輕小伙子，實在令我又羨慕、又欽佩，自歎己不如人，摸了那麼多年的相機，而作品卻是如此貧乏，簡直不能與之相提並論。

於是乎只有自我安慰一番，把攝影當作業餘的消遣吧！自娛娛人，能拍多少就拍多少，至於造詣究竟到何種程度，也就不去斤斤計較了。

雖然如此，在攝影圈內享有盛名的先進或新秀，他們的成功，仍然是用大把的時間、經驗、耐力，溶合了智慧，所辛苦奮鬥出來。也就是說，攝影，絕非雕蟲小技，這一

小學二年級的導師和同學們如今可安好！

點，是可以認定的。

就因為如此，儘管我只是閒暇時候玩玩相機，卻也玩得認真，時間愈久而興緻愈高，愈覺得藝海無涯，使我深深的喜愛它。

回想小時候的我，在小學讀二年級，學校舉行一年一度的旅行，還清楚記得那一次我們到陽明山，也是我生平第一次用照相機。

父親借給我一台柯達公司出品的 **Retina** 折疊式相機，要知道，二十年前的相機和現在的產品是不能相比的，但，那仍然是一部令我懷念的相機，因為，它既沒有測光錶，也沒有測距儀，它完全「不」自動；卻擁有相當銳利的鏡頭。

記得父親臨時替我惡補：晴天時候光圈用11，速度用$\frac{1}{160}$秒；陰天則改用光圈8，速度$\frac{1}{50}$秒，光線再暗就把光圈撥到5.6，速度$\frac{1}{30}$秒；至於距離，那完全要目測，照半身像用三英尺，拍全身調到五英尺。

就這樣，我開始拍起照片來了。

當然，那時候並不懂什麼叫光圈，也不知道那些數字的意義。就用這種死記的方法，拍了一捲黑白片回來。父親幫我拿到相館印成一吋的毛片。發現感光竟然都很正確，而大部份問題卻是出在構圖上，譬如人的身體只拍到一半啦、相機拿歪了、主題不夠明確、相機震動等等，這些缺點在累積了多次的經驗後，逐一有了改進。

學習攝影的初期，一定要實地去拍才會有進步，紙上談兵無非是徒托空言，無大意義。我的攝影入門也就是在這種不知其所以然的情形下拍了好多年。

開始的這許多年，記憶中還留有印象的，曾經跟著父親在總統府前的賓館花園拍人像，那時候一二〇的雙鏡反光相機相當常見，而一捲一三五黑白軟片大約是十二、三元，當時流行的照片只有三吋一律留白邊，現在回想起來，這些事情都已成了過眼雲煙。

當年不知所云的傑作

上初中以後，我接觸的第一本有關攝影書藉是香港文淵書店出的中文版「攝影的技術」，由黎明編譯，這是我學習攝影啟蒙的第一本書，雖然那一本書寫得不怎麼樣，但由於自己程度也很淺，當時只看懂其中一部份零碎的攝影常識及構圖方法。潛移墨化中，漸漸地，我要拍出一張清晰完整的紀念照已不再困難。

直到有一次，在中央圖書館借到一本很陳舊的攝影小冊子，我才慢慢略開竅門，知道相機中光圈和快門速度之間的微妙關係，有了深一層的認識，使我感到莫名的興奮，原來攝影中自有天地，它變化無窮，足令人玩味。

從此我知道，晴天拍照光圈不一定要用 11 或 16，速度也不一定要用 $\frac{1}{100}$ 秒，反之，可以在任何時刻任何地點選用任何光圈或任何快門速度，不受限制，因為「攝影」，是要拍出我們所要表現的效果，而不是僅僅拍出我們所看到的東西。

攝影的功能不只是在於存真，而且能夠變化和創造。

無怪乎有人戲稱：世界上有三大騙子，其一是魔術師、另一個是化粧的女人，再來就是攝影。

因為攝影是如此迷人，我和照相機真是結下了深厚的友誼。在學生時代，父親不鼓勵我玩相機，恐怕我走火入魔；但也不阻止我玩相機，因為玩相機的小孩不會變壞（這句話是本刊主編保成先生說的），何況攝影是絕對正當的嗜好呢！

正因為沒有人教我攝影，才會很長一段時間，我的技藝進展如牛步般之慢，如今想起來，我受惠較多的還是一些有關攝影的書藉（雖然當時這方面的書非常貧乏），其中寫得較好的幾本包括攝影一席話（陳宏著）、彩色攝影（陳昭文著，五洲出版）、暗房沖晒技術（林國洋著，華聯出版）、暗房技巧（林偉群編，華聯出版）等。

這些書都是比較早期的，它們有一個共同的特點，就是文詞都很通順，一般人只要按步就班，都可以看得懂。民國六十八年以後，市面上攝影的新書突然顯得活躍起來，其中大部份是翻譯作品，也有不少印刷裝訂華麗的大部書，但可惜的是，這些書仍脫離不了初學的範疇，其中略為深入一點的翻譯文章，往往文句不通，而且錯誤很多，這大概是譯者非攝影圈內人士的原故吧！

（未完下期續）（刊載於台北攝影月刊）

我的攝影歷程（二）

幾乎每一位愛上攝影的人，都遲早會對自己的第一部照相機感到不滿意，它可能是一台雙眼相機，想要換置一台單眼的；也可能是僅有標準鏡頭，而想要添購其它的交換鏡頭。

學生時代的我也存有這種想法，卻只是一種美麗的幻想，無法實現，因為做一個學生不可能有很多的零用錢；於是乎我只有在紙上作業，對於各種廠牌的相機和鏡頭的特性分析得如數家珍，可是每當看到那些少則三、五千，多至上萬的攝影器材，還是望望然掉頭而去。

拿著父親送我的照相機，一機一鏡一直用到專科畢業，標準鏡的使用在學習攝影的過程中佔了非常長的一段時間，在這段時間裏，拍什麼都是用這一支鏡頭，尤其參加攝影會拍人像感到特別辛苦，因為我必須擠到人群最前面才能拍到半身照或較大的特寫，但也因此使我對標準鏡的使用愈加熟練，如附圖就是在該時期的照片；而同時，我也在學校的攝影社團，開始接觸暗房的操作。

一張照片一定要經過拍攝（底片感光）、沖底片、放相紙三個步驟才能完成，其中任何一個步驟都足以影響到照片的好壞，惟有親自操作沖洗放大才能透徹瞭解一張完美的底片是多麼重要，因為好的底片有如植物之好的根幹，有了它才有可能開出燦爛的花朵，才有可能製作一張出色的照片；但是，怎麼樣的底片，才算是感光適當的底片呢？

自然而然，我學著拿放大鏡在透過燈光的毛玻璃上觀察底片的狀況，包括粒子的粗細、層次是否分明、厚薄是否恰當、構圖是否良好等，漸漸的，無師也自通，我可以分辨底片的好壞，有了這個能力，就不再需要每一張都放成照片，因為不良的底片，事先就已經被淘汰，自然也就省下了許多無謂的浪費。

當年的得意之作，室內自然光。

自己沖選照片，不只是有它的重要性，同時也有莫大的趣味。

值得一提的是，近十幾二十年來，攝影材料幾乎完全是彩色的天下，無論彩色軟片、彩色沖洗藥水、彩色相紙等都有長足的進步，而黑白方面卻幾無任何改良，今天的黑白沖洗和二十年前完全一樣，而且一般相館更是只做彩色，所以，今日拍黑白軟片的朋友想要得到滿意的照片，似乎只有自己沖洗一途。

在大二那一年，我在家裏設置了暗房，如此一來，關於照片的製作終於可以獨立自主了，當時學校裏有攝影學的課程，班上同學的作業近乎三分之一出自我的手筆，雖然東西做得並不好，可是其中的經驗卻因此慢慢累積了起來。

照片的沖洗其實並不困難，如果只要沖洗，連暗房都用不著，一個沖片罐，一只暗袋、一支溫度計、加上一些藥水，總共不出千元，就可以玩得不亦樂乎，從此再暗的光線下也不用擔心不能攝影。因為可以在沖片時增感彌補啊！

暗房的設置起碼要有水源，要有能夠隔絕光線的房間，大小倒還在其次，於是我利用家裏的洗手間將它佈置起來，草創之時，一切從簡，但唯獨放大機的鏡頭是上選德國貨，為的是想要製造高品質的照片。

我慢慢的改善暗房的環境，充實暗房的設備，一直到兩年前，在這間洗手間裏裝置了冷氣（當時裝冷氣的工人還大惑不解的問，為什麼要在洗手間裏裝冷氣），於是這不但是一間全天候的暗房，而且一年四季，不分寒暑，我都可以很舒適的在這個小天地裏面工作了。

往後，每逢假日外出攝影，回到家裏則開始沖洗拍回來的東西，這些底片往往可以消磨好幾個晚上。

暗房的工作不只是忠實的表現我們所拍到的東西，許許多多的暗房特技另有一番深奧的功夫和趣味，這些又豈是僅僅拍照的人所能領會與享受。

時下攝影的朋友，大半不願意自己動手沖洗照片，我想，可能有以下幾個原因：一、市面上的四十分鐘快洗，方便又省事，如果自己洗彩色照片，無論是費用、時間，都不見得經濟。二、至於拍黑白照片，更是少之又少，也就不用設置暗房了。

日前一位朋友告訴我，在永和有一家彩色沖洗店，放一張五乘七吋的彩色照片只要八塊錢，真是令人驚訝，因為我自己放的黑白照片，買進五乘七吋的相紙，一盒五十張要三百二十元，平均一張是六元六角，如果加上沖洗的其它材料，還有相紙和時間的損耗，這種成本遠在彩色之上，若非真有濃厚的興趣如我者，還有誰會自設暗房沖洗黑白照片呢？

黑白照片雖然已經處於如此的劣勢，但是要使黑白照片完全消聲匿跡，卻也不太可能，因為在某些方面（如氣氛的表現），黑白照片往往比彩色更為出色，而照片的保存也以黑白的較為持久，歷史性的資料尤需要黑白照片來存檔。

所以，時至今日，每當我外出攝影，仍然喜愛使用黑白軟片，這似乎不太符合時代潮流，但是黑白中自有顏色，它的地位，不是任何人可以遽加否認的。

（下期續）（刊載於台北攝影月刊）

我的攝影歷程（三）

由於對攝影有特別的偏好，在工作之餘，閒暇時候，照相機成了我最好的伴侶，但是，攝影應用範圍之廣，有時候是難以想像的，它往往滲透到我們生活的每一個層面，以下我舉幾個實際的親身經歷，來加以說明：

幾年前還在學校的時候，暑假裏被分發到基隆台灣造船廠實習，雖然工廠的門禁森嚴，但我還是用工作服包著一台小型照相機進入船塢，利用工作空檔的時間，將實習的內容一一拍下，後來，我把這一套照片配合文字做成實習報告，在同學中得了最高分。圖片給人的印象非常深刻，而且具有直接的述說性，往往比文字更能一目瞭然。

後來，在空軍服役的一段期間，我曾經使用照片來配

服役軍中，輔選時的紀錄照

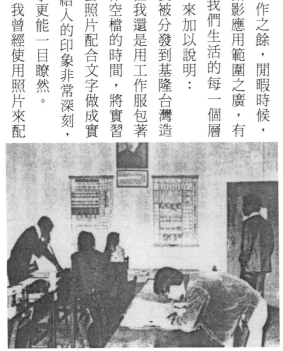

合壁報的製作，得了第一名；在另一次實彈射擊中，輔導長竟然叫我拍攝記錄照片，因此，別人拿槍而我卻拿著照相機，其實攝影和射擊有許多相近之處？都需要沈著、穩定、暫停呼吸，食指輕按快門（扳機），才能得到清晰的照片，才能夠中靶。

此外，替同學朋友拍攝婚禮慶典的照片，更成了稀鬆平常的事。

現在回憶起學生時代，許多傳授有關攝影的老師，我仍然記憶深刻，他們包括大二教普通攝影的韋佩弦老師、教攝影材料的林啟昌教授、大三選修劉偉勳教的新聞攝影，此外，我還曾跑到世界新專旁聽陳宏老師上的攝影課，一直到大四上商業攝影，這一連串的過程，使我對攝影的一般知識和技巧不再感到困擾。

事實上，攝影程度的提高，並不是單純的技術問題，身為攝影者的藝術學養尤非一朝一日之功，我常想，「攝影」，不只是拍我們所看到的東西，而且要能拍我們所聽到的，以及拍出自己的感覺，所以，攝影不僅是拍得「像」，而且應該表現出人的「神韻」、風景的「氣勢」，這就是為什麼大家圍在一起拍同樣的模特兒，卻會得到各不相同的照片；同樣到一個風景區，卻拍出完全不一樣的風景照，此乃各人的觀點不同，取景的角度也不相同，各人所能感受的程度更不一致。

如何能拍得一張具有深度且又與眾不同的照片？除了多看多體會之外，也需要觀摩別人的拍法，因為照片的好壞是比較性的，看別人的作品可以啟發自己的靈感，加以變化改進而成為創新。

有人說，學畫的人一定要讀畫，學音樂的人一定要讀譜，學書法的人一定要讀帖，而學攝影的人則一定要讀照片，所謂「讀照片」就是看別人的作品，然後分析其優缺點，而「攝影評介」就是幫助讀照片最好的助手。

值得一提的是，以前有一本月刊叫「攝影雜誌」，在當時，它可以說是攝影文化沙漠中的一片綠洲，每到月初，我就會跑到書報攤上，盼望早一點看到它，就這樣每一期零買，連續看了一百多期，每當拿到這本雜誌，一定先翻到其中的「攝影月賽評介」，詳細讀每一張照片的評語，深覺受益匪淺，直到有一天，當我看到這些照片，直覺的認定它的優點在那裏、缺點在那裏，然後再看旁邊的評介文字，竟然發現，我所想的和他所寫的內容經常有相同之處，這時候，我知道我的攝影程度已經有了進步。

如今這本「攝影雜誌」已徑停刊，如果再要看攝影評介，目前最具歷史、也最具權威的就是台北市攝影學會月刊，讀者們如善加細讀，一定大有俾益，也祈盼評介先生們

在台船實習時的作品

能知無不言，言無不盡，當為我輩學習攝影者之福。

自古以來，文藝界普遍的有一個現象，就是「文人相輕」，其實，在藝術界、在攝影圈，又何嘗不是如此，各人都認為自己的作品是最好的，卻刻薄的批評別人的作品，其實做一個業餘攝影者，尤其是初學攝影的朋友，涉獵一定要廣博，偏見才會減少，而趣味才會愈純正。

學藝術的人最壞的脾氣是坐井觀天，依傍一家門戶，對於胃口不合的作品一概藐視，這種人不但是近視，就連他們自己所偏好的也很難真正地瞭解，因為他們缺乏互相比較的資料，藝術上純正的趣味必定是廣博的趣味，不能同時欣賞許多派別的照片，自然無法充份地真確地欣賞任何一派的作品。

所以，我喜愛攝影，也喜愛看別人的東西，聽別人談論攝影，耳聞目睹之下，往往一張好的照片，會使我感動、使我陶醉、使我滿足，這也就是學習攝影最大的樂趣吧。

（下期續）（刊載於台北攝影月刊）

我的攝影歷程（四）

這一篇「攝影歷程」我打算要將它告一段落，起初本刊主編囑我寫這個題目，沒有想到竟一連拉雜寫了四期，較之當年李幸霖寫「我的攝影小史」還要繁長，對於一個無任何榮銜，又年紀不大的我而言，寫這種題目實在略為不妥，愈寫愈覺心有不安，唯恐在諸專家先輩前賣弄，露出了馬腳。

有些新認識的朋友知道我喜歡攝影，常會問：你拍照有多久了？又問：你都拍些什麼？這個問題問得好，相信在台灣有許多人和我一樣，對攝影並沒有真正投入研究的精神，多年下來，到底自己擅長的是什麼？竟攪不清楚；甚至還有對自己相機的功能都不甚明瞭的。

民國六十八年九月，我參加台北市攝影學會舉辦「出水芙蓉」的攝影活動，回來後寫了一篇短文，附上兩張當天拍的照片，寄到台北攝影月刊，這是我以「圖文並用的方式」所寫的第一篇稿件，後來發現，用照片來形容文字，效果甚佳，用文字來描寫照片，也相當理想，同時，藉此可以推銷我辛苦拍得的照片，稿費，則可用來貼補軟片的支出，只緣當時還是個

圖一：三峽祖師廟
圖二：關西眼鏡橋
圖三：精緻的客家莊

圖一

圖二

圖三

圖四

圖四：老湖口的老街
圖五：古老的農莊

圖五

學生，既要拍照，又要自己沖洗，再加上寫文章，時間實在不夠用，直到畢了業，拍與寫填補了我空閒的時間，而發表的拙作則散佈到大華晚報、中央日報、中華攝影週刊、台北攝影月刊等。

拍照與寫文章都很有趣，對於兩者都不太專精的我而言，正可互相彌補，互相掩飾，日後翻閱這些東西，它又成了多采多姿的紀錄，令人回味無窮，更重要的是藉著圖與文，我認識了許多好朋友。

因為要替自己的照片配上文字，使我的攝影習慣，逐漸有了改變，首先，總不能每次拍同樣的東西，小姐拍得再好，也不能永遠是少女人像，於是，遇有各種攝影活動的機會，我都盡量參加；近一、二年來，我真是玩得痛快，拍得盡興，墨水用了不少，稿費也拿了（當然並不多）。

為了拍和寫，每次外出，不但要專心的拍，同時還要留意寫稿的資料，我顯得很忙，許多次旅遊攝影，坐著遊覽車匆匆趕路，每到一個停留點，卻只能短暫休息幾分鐘，我經常是一下車，就用最快的手法取景、構圖、對焦、伸縮鏡加上電動捲片器、咯擦！咯擦！速寫一番，把我訓練成好像記者一般，眼明手快、毫不猶豫，該有的畫面盡入相機，因此，我的照片往往變成了報導性攝影，事後，如果一張照片不足以說明，就改用組合的方式，成了連作。相信一定會有人不苟同這種草率的拍照方法，但，這就是我的攝影近況。

今年七月底，參加了一項名為「中國傳統建築」的攝影活動，所到之處包括三峽祖師廟（圖一）、關西眼鏡橋（圖二）、精緻的客家莊建築（圖三）、老湖口的黃昏巷道（圖四），以及農村房舍（圖五）等，這些照片都是以黑白軟片拍攝，借本刊披露，亦請讀者朋友不吝批評賜正。

最近幾年來，新的攝影俱樂部或聯誼會先後出現，它提供了許多攬影的機會，譬如，人像攝影、旅遊攝影、民俗攝影、登山攝影、風景攝影等，使得攝影的題材多樣化，也讓同好們有更多的拍攝對象，而不只限於「小姐」，其實，今日好的模特兒難求，條件較優越的模特兒都想拍專輯，而不願意消磨在平淡無奇的攝影會，況且，好的人像作品早就層出不窮，我們若能把鏡頭轉向這多變的世界？則可拍的題材無窮，只是，攝影團體不同於旅行團，也不同於登山隊，我們迫切需要優秀的攝影指導和領隊，則整個自由中國的攝影大勢自然會有所突變，邁向一片光明的康莊大道。

自學校畢業以後，我雖然沒有以攝影為職業，但是在工作上，卻也始終離不開攝影，而且，我的同事、朋友，受到影響，逐漸對攝影感到興趣，甚有因此加入攝影學會者，直到最近，我又回到學校任職，得以有機會把自己的一些觀念傳播給更年輕的一代，讓更多的人享受到攝影的樂趣，受到藝術及美感的薰陶，讓更多的人來創造攝影的新境界。

（全文完）（刊載於台北攝影月刊）

從生活中留下回憶——兼談標準鏡頭的特性與使用

若干年以前，照相機在普通的家庭而言，是一件相當貴重的器材，玩攝影也多半被視為有錢人家的娛樂，而且，那時候的照相機構造落伍，想要學會攝影也非易事。

但是工業產品不斷進步，為大家帶來了許多的享受和方便，照相器材也不例外，舉目市面上現有的照相機，和十年前的東西比較，真是不可同日而語，它的體積縮小了，重量減輕了，操作簡化了，性能更為優越，而價格卻上漲得極為有限，加上國民所得日見提高，一個家庭擁有一部相機不再是奢侈的妄想，甚至於一般人會有稍為多花一點錢，買部單眼相機的想

攝影者要有敏捷的兩手及一雙慧眼來捕捉剎那間的表情

法，也難怪外國人會覺得我們的技術不見得精通，卻人人手持名牌相機。

絕大多數的人終其一生只使用一部照相機、一支鏡頭，這種鏡頭的焦距幾乎都介於四十至五十八米厘之間，我們稱它為標準鏡頭，其拍攝涵蓋角度約為四十五度左右，由於與人的眼睛視覺範圍非常接近，所以用這種鏡頭拍出來的照片給人的感覺是相當自然的。

標準鏡頭的光圈設計一般都比較大，可達一點七，一點四，甚至於一點二，這是一大特點，光圈口徑大表示有利於光線較暗的場合攝影，而且當人像近照的時候，你可以大膽的靠近主體，然後開大光圈，照樣可以得到近似長鏡頭的特寫效果。

如果想要拍攝人像的半身照或是全身照，那可是標準鏡頭的拿手好戲，因此在我們的生活中，標準鏡也就被廣泛的使用，如果在人羣眾多的場合，攝影者站取適當的位置，或是再後退幾步，也可以拍下全景，這時候的標準鏡又發揮了廣角的功能。

我在逐步使用和比較標準鏡頭、望遠鏡頭、廣角鏡頭之後，才又重新發現標準鏡的使用機會最多，然而，擁有一部名牌相機和基本的照相器材之後，並不表示就能獲得很好的照片，攝影是易學難精的藝術，尤其是以人為主題的攝影，除了要求構圖完整和妥善運用光源以外，神態「自然」是最重要的。

人情的自然流露最為感人，但被拍的人在鏡頭前面十有八九是自然不起來的，所以，攝影者要有敏捷的兩手和一雙慧眼，以迅雷不及掩耳的手法，捕捉最佳的瞬間表情，這種「瞬間」影像的「凝固」，和電影、電視的功能完全不同，也是任何其它藝術所不能獲致的，就以人的笑容來說，百分之一秒的差距，就有迥然不同的變化，照相機的鏡頭比人的眼睛要銳利得多，往往一晃之間，肉眼難以分辨的東西，在透過鏡頭之下，能毫髮畢現。

好在標準鏡頭的光圈大、重量也輕，在操作上稍加練習，可得心應手。

去年年尾，我和幾位同事一起到中部旅行，其中以標準鏡拍回不少照片，如附圖是在臺中東海大學校園內所攝，影中人雖不是專業模特兒，而且僅普通衣著，但是那自然的姿態與笑容仍然給人一種舒適的感覺，真是所謂一機在手，它帶給我們無窮樂趣與生活回憶，您說是嗎！

（刊載於大華晚報）

默默耕耘三十年——台北會展出了成果

今年的七月十五日至十九日，一項規模龐大的攝影視聽科技展覽在台北市松山機場外貿協會舉行，周末的下午、和周日的上午，連續兩天我都前往會場，仔細流覽攝影科技的新產品，也沉浸在現代工業所帶給我們的享受。

對於愛好攝影的朋友而言，這真是一次很難得的觀摩場合，無論是在硬體（指器材的展示）方面、或是軟體（指視聽知識的傳佈）方面，都可以增進許多新的見聞，讓人耳目一新；如果想要從中選擇自己所需要的設備，這更是一次互相比較的好機會，各廠家的技術人員在現場詳細的解說，服務人員熱誠的招待，使每人都獲

圖一

益匪淺。

其實，由於這一次的展覽單位增加了高速攝影、電子顯微攝影、天文攝影、氣象衛星攝影、遙測影像技術、多媒體視聽技術、雷射景觀、海底攝影、以及古董相機的展示，使展出的內容充滿了藝術、學術、新聞、科技的氣息，而有別於一般的商品展覽。

台北市攝影學會為本次大展的籌畫贊助單位之一，在會場的中央偏左，佈置了一個小的天地，當我走近一看，就自然感受到一股親切的氣氛，鄭理事長滿臉堆著笑容，李惠玲和楊美鳳也忙著招呼前來參觀的群眾，北攝會所佔的場地雖然不大，卻精心展出許多專題和沙龍的作品，使得人潮接踵羣至（圖二），可見得這是一個大家都喜愛而樂於親近的園地。

圖二

事實上，台北市攝影學會以服務為目的，已經默默地為我們社會耕耘了近三十年。

民國四十五年，北攝會草創之初，愛好影藝的人士就不斷投入這一個天地，至今會員已增加到六千餘人，成為自由中國組織最大的一個攝影團體，近年來新興的攝影會或俱樂部不斷出現，而北攝會卻獨具特色地不以營利為目的，為會員服務、定期舉行攝影活動、專題月賽、講座、台北沙龍、國際沙龍、月刊雜誌等，提供了切磋攝影的最佳途徑；而且，我們可以發現，凡是當今在攝影界展露頭角的知名之士，幾乎無不是當年在台北攝影沙龍的沙場健將。

在這一次大展期中，嚴前總統也曾經蒞場參觀，當他經過本會攤位時，還特別趨前向理事長垂詢會務情況（圖二），關懷之情，溢於言表，我們在場的每一位都感到特別的親切和高興。

在此同時，筆者卻也有一些感觸，本會擁有為數寵大的會員，我們希望大家都能共同的熱誠參與會務，譬如說到新會所小坐一番，看看北攝會精心佈置的照片，遇有活動的時候，大家一起來幫忙。

（刊載於台北攝影月刊）

給想要買相機的朋友參考

買相機的朋友都很慎重，考慮再三，好像覺得一輩子這是唯一的一次，買錯了可不得了！其實，沒那麼嚴重，相機只是一個工具，我們最終要的是照片，不是相機，所以，用什麼相機並不太重要，你要熟悉操作手上的相機，這比較重要，比你用什麼相機重要多多。

尤其，現在的數位相機都是有壽命的，三五年以後，再好的機型也會退流行，身價大減，而且到處都可能出毛病，包括 LCD 螢幕也會老化；不像以前機械式傳統相機，可以用幾十年。汰舊更新在你有生之年一定會碰到，你還想要買一台「最好的」相機嗎？買一台合用的就可以了。

攝影的學問是很深的，買相機才是起步，好相機不代表拍的就是好照片，它只是可以方便你的創作，因為攝影是「用科技產品來創造藝術作品」；這和畫畫、書法，不一樣。

儘管如此，數位相機還是可以簡單分為：一、消費型（2000 元—8000 元）。二、消費型類單眼（8000 元—20000 元）。三、單眼相機（20000 元以上）。一分錢，一分貨。

我（四方美學）收集了約 20 台二手消費型數位相機，主要是要享受數位相機為我們生活帶來的方便和樂趣。順便也發現，消費型數位相機品質也不差嘛！！

儘管如此，如果你問我（四方），想要買一台數位相機，應該買哪一種‧我（四方）還是會建議你買單眼相機，因為單眼相機將來的施展空間比較大；如果你買了 台消費型數位相機，照片拍不好，你會怪相機、怪我（四方）。接下來我舉一個實際的單眼相機採購例子給您做參考：

以最近的行情，我（四方）舉例，僅供參考：

如果你買一台 Canon 550D 機身約 20000 元；一隻最常用的 18-55 變焦鏡約 4000 元；再加一隻 55—250 長焦變焦鏡約 8000 元；一共約 32000 元。這就是你所要投資的基本花費，當然，還有三腳架、閃光燈……可以慢慢來。

我（四方）說得夠清楚了吧！！有了這中等水準的基本配備，下一步要加強的是你的攝影技術，如果你的照片拍不好，那就不能怪相機囉！！

歲月不撓人

——談人像攝影經驗

印象中，每次我替自己的母親拍照，事後她都不滿意，她都會說：「好老」；或者說：「好醜」

其實，母親就是這幅模樣，她那裏老，她那裏醜。

我拍照四十年經驗，我覺得把她拍得很真實、很慈祥啊！

只不過，她腦子裏始終還停留著二十五歲姑娘的印像，〈最好是小小的瓜子臉配著秀髮〉……

後來我才發現，幾乎所有的女人都有這個通病，我母親並不是唯一的。哈！

這時侯，我才覺得，我會電腦影像處理是多麼重要，歲月催人老，人都不敢面對現實的真我。

……我拍照之餘，還得努力幫他她們去魚尾紋、去眼泡、去老人斑、除三層下巴、把臉改小、眼睛加大……

看來，現在的攝影師還真辛苦咧！

心情日記

大榕十七歲的暑假

劉大榕，今年十七歲，十多年前，他幼兒時期，攝影還是傳統底片的時代，被我拍過很多照片，後來他出國讀書，因為爸爸（筆者）不在身邊，生活照片就少了；這一次他回台灣度假，我刻意替他安排一些活動，在家中則裝了一台很好的電腦，讓他有多樣化生活體驗。

細數近兩個月來，大榕參加了行政院客委會舉辦的三週客家生活營、參加國際友誼團的一項啦啦隊比賽活動、四健會舉辦的歡迎接待挪威來的草根大使、深坑生態導覽班舉辦的桃米生態二日遊、在一個兒童暑假美語訓練營擔任義務小老師、參加「孝順道德促進會」舉辦的愛心參訪旅遊活動、透過我的老同學指導帶他去池塘和海邊釣魚、

參加國際獅子會舉辦的登山健行活動……

沒事的時候，他喜歡逛書店，或者就在家裡看看書、看看電腦、自學中文、玩電動（七月剛上市的星海爭霸）……，當然，他喜歡吃好吃的東西，這段時間他可是跑了好多餐廳、逛了夜市，滿足口腹之慾。

有趣的是，這一個多月中，他也經歷了台灣的地震、下大雨……這些在加拿大都很少有的。

九月十五日，他將要帶著滿滿的回憶回去繼續一面打工、一面讀書囉！

大榕回家

今天上午六點半，母親將我叫起床，要我帶她去萬大路市場買菜；因為她孫子大榕要從參加的客家營回來了。

我和大榕用手機通了電話，他說今天只要一回到台北，他會電我，要我去接他回家。我說「好」。

下午約兩點多，我開車到劍潭青年活動中心去接大榕，領隊和兩位工作人員將大榕送出來。他瘦了，我問他身體有沒有不舒服？他說沒有。

那怎麼會瘦了？

因為有幾天走好多路。大榕說：「瘦很多，瘦一點對身體好。」

他說：「回家很想看書、彈鋼琴、騎腳踏車、有空還要多走路。」

在車上我急著問他關於參加「客家生活營」這兩個多星期的情況和感想……他說：「每天早餐都吃稀飯、花生、肉鬆……吃膩了，午晚餐十人一桌，有許多油炸的食物，不健康，也不好吃。」又說：「認識了一個比較好的朋友，法國人。」這是他生平第一次有機會用法國話和朋友講話，覺得很有意思。

講得通嗎？我知道，大榕在學校法語成績都不怎樣。

「可以，一般的會話都OK。」他說

不知不覺車子就到家了，我們都覺得時間好像過得特別快。

喜愛看書的劉大榕（影像合成/劉振雄）

大榕愛釣魚

九十九年九月四日，這是福基老友第二次安排帶我和大榕去釣魚，福基賢伉儷都來了，他們邀請我們先到基隆一家海產店吃午餐，大榕吃得好開心，因為每一道菜他都喜歡，福基特別從家中帶了生魚片來（他家從事海產生意），讓大榕好好享受一番；餐後，我們驅車穿過基隆市區，往和平島之前有一正濱路，福基在那有一豪宅（為了釣魚方便買的），我和大榕去參觀、休息一下，喝口冰水，就在屋前不遠處港邊下竿釣漁，但是雖然看得到有魚，卻不上鉤，這裡的魚太聰明了……

我們決定換地方再釣，雖然是炎熱的下午，還是興趣不減，車子開到碧砂漁港，再往前不遠，一個叫不出名字的小漁港，只有一個釣者，詢問之下說有魚，我們就試著找地方下竿。

釣魚的準備工作，測魚訊、水深、試魚餌，這些都要花時間下功夫，福基說，釣魚的學問很深，不比電腦容易。終於，有魚上鉤了，哈！大榕也釣上一條，他似乎感覺很好，高興得不得了。對於初學釣魚的人來說，這經驗一定難忘。

後來，福基再釣上兩條雀鯛，據說這種魚可以吃，他幫忙清理內臟，讓我好帶回家；時間到了傍晚時分，陽光不再那麼炙熱，略有微風，涼爽起來，覺得很舒服，很享受。一直到下午六點十分，我們開始收工，六點半天色暗了下來，和福基相約日後找時間再敘，踏上歸程。

大榕釣魚樂

多年以前，我曾經到溫哥華看鮭魚回流，看到有人穿著雨鞋雨衣站在溪流裡釣鮭魚，大榕跟我說他也想釣。

我心想不太可能，因為那釣魚的裝備看起來很專業，另外好像還要事先申請執照。

直到近年，我連絡上了三十年前一位老同學「福基」，他是釣魚老手（有四十年經驗），最重要的，他願意教我如何釣魚，這真是讓我意外。

我告訴他我想帶兒子來體驗一下「釣魚」，福基說沒有問題，他說，我只要帶著大榕去，所有工具他都會準備好。

更巧的是，我在深坑導覽班的同學清榮家裡後花園就有一口非常美麗的池塘，目前池塘邊開滿了野薑花；沒有對外

開放，但清榮特別願意讓我去嚐鮮釣魚，這太好了（心中好感激）！

就這樣，我和福基約好二十八日下午一點在深坑東南大學門口會合，再一起到東南大學後山的清榮家；透過清榮的接待，我們就展開了周末半天愉快的釣魚樂。

起先，福基先測量水深、用不同的飼餌嘗試，魚都不太上鉤（真不知道清榮平時都餵魚吃什麼），後來福基試用一種比較葷的飼餌，魚開始來咬。我們把釣到稍小的都放回池塘，留下四條，準備向清榮買回去（結果這四條魚帶回家都嘴巴一張一張的，還活著呢）。

最後得到的初步結論是，這裡的魚不是最好釣，因為它們滿聰明的；但是，釣魚的趣味隱然已經感染我們，大榕學著怎麼掛魚餌、怎麼拋桿、怎麼感覺魚兒上鉤……他說：「滿有意思的。」我想，這對他是一次重要又美好的生活經驗。當然，還真是要感謝清榮和福基兩位我的好同學。

大榕認識了挪威

深坑鄉農會（四健會）主辦接待草根大使——來自挪威的一位年輕女孩。

今天（99.09.06）晚上在農會二樓會議室舉行歡迎餐會，我帶著大榕去參加。

大榕對這種活動覺得很新鮮、有趣，他對我說：「爸爸，你怎知道這裡有這樣的活動！？」看他在這次活動中有機會和年輕朋友聊聊，很開心的樣子！

今天終於知道挪威在哪裡了，這位來自挪威的草根大使告訴大榕，她要在台灣停留三個月，挪威一年四季都非常冷……不像台灣。

她問大榕知不知道「四健會」是什麼？大榕傻傻的說

不知道。哈！大榕當然不知道，他只知道吃好吃的。

餐會的進行是由大家各自帶餐點來，互相分享。

這位草根大使也一展身手，用農會現場的烹飪工具烤出香噴噴的麵包和佳餚。

大榕上尊賢館

大榕回台灣，他喜歡吃，帶他去好幾個地方，吃過各式各樣不同的食物。

今天中午，他奶奶要請他去吃午餐，地點在羅斯福路台大尊賢館，沙拉吧吃到飽，主菜可隨意點或不點；大榕主菜點了紐西蘭牛排，沙拉吧種類好多，吃得很滿意、很開心，他說太好吃了。他飽餐一頓。

大榕說，台大怎麼那麼有錢，可以有這麼好的餐廳？

真是小孩子啊！

是我們去的時間稍早了一些，要 11 點半才營業，我們就在一樓門廳休息處先坐一下。

大榕參加兒童美語營

暑假大榕回台度假，今年他十七歲了，我替他安排了一些活動。

其中八月二日到六日一連五天，參加四健會所舉辦的一個國小美語夏令營，他在那裡擔任美語教學義務小老師，希望藉由這一次活動，對大榕有多重啟發。

我要讓他知道，不是只有英語行，就一切OK，果然，他對我說，他的中文要加油，他的國語太差了。他認真的、有心想要學一些中文。

事實上，他要學的還很多……

面對群眾，如何清楚表達自己的說話，兒童美語教學的帶動唱。他都需要好好觀摩。

深坑老街導覽記

今天上午，我到深坑老街去做導覽，對象是二十幾位深坑國小的小學生，從街頭走到街尾。

當我接到這個任務的時候，我很高興；雖然這已不是第一次做導覽，但心中還是很不安，因為我應該要深入淺出，設法使說出來的內容，讓小朋友們覺得有興趣，不致乏味。

我還準備了許多小禮物，準備有獎徵答，結果效果出奇的好，他們都很開心，拼命搶答，我把禮物都送出去了。

我真是很感激班長給我這個機會，雖然是工作，可是對我來說也是學習、磨練。

你知道嗎！這次導覽是安排在星期三早上，我星期二就不太敢接電話，在家準備資料。晚上本來在深坑福安居有抓青蛙的課，丫達、春燕曾問我晚上要不要去上課，我說我有事，不能去；其實我是不敢去，在家背資料。哈！

夏的懷念

最近我每天坐著交通車上班的時候，經過北投「土雞城」的山坡，就可以看到路邊上隨處都是蘆花飛舞，透著斜射的朝陽，遠山如黛，顯得格外出色，惹人喜愛。

記得去年的這個季節，我曾在林口拍攝蘆花，一轉眼，一年過去了，真是一眨眼的工夫，只覺得那還是昨日的事情呢！

一年之中，有著許多變化，連我的工作也有了更易，沒想到，在我目前任職的學校四周，竟有如此美麗的秋色，其實，學校本身就風景絕佳，它位於北投溫泉發源地上方、巍巍中正山之下，隸屬陽明山國家公園風景區之內，往後，我會詳細介紹這一處攝影者的樂土，希望

圖一

它帶給我源源不斷的作品……

回想過去的這一年，我把台北攝影學會當作工作之餘的一個精神寄託，藉著台北攝影月刊，認識了不少志同道合的朋友，也認識了台北學會的一些工作幹部，真是「以文會友」、「以照片會友」也！這是人生一大樂事，當初也沒想到，拍照和寫文章，有這麼多好處。

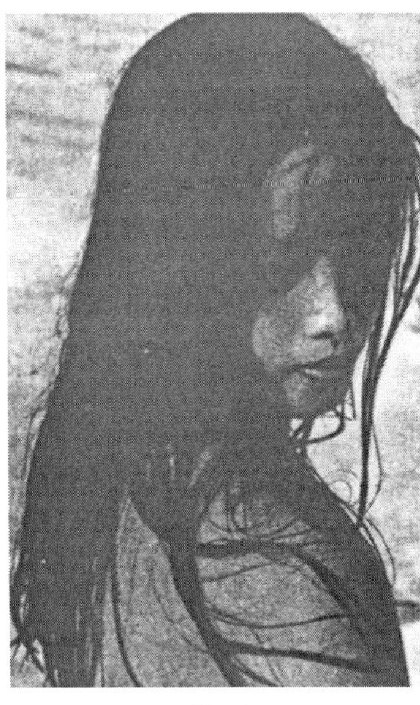

圖　二

在上個月底，承蒙鄭理事長的邀請，得以有機會在餐桌上和幾位攝影界的老前輩認識，在座的有保成、安印民、孫杰、林炳文、施宗慶等，他們不但影藝超絕，而且筆下功力深厚，實在是我研摩學習的好榜樣，他們也極力提拔照顧吾等幼輩，使我覺得無限的溫馨與幸福。

其實，寫文章比拍照容易，把心裏要說的話寫下來就對了，寫完以後，自己讀幾遍，覺得通順即可，如果真的寫得不太好，本刊主編保先生還會幫忙修改；所以，朋友！不用怕，大膽的拿起筆來，寫下你的心聲。

一般人拍照若不參加比賽拿獎金，沖洗費用往往是只出不進，但如果有了寫稿的習慣，於是就可以有一些進帳，雖然不太多，卻也不無小補，我是在這種心境下寫稿的，動機雖不太純正，但情有可原。

有一個習慣我一直維持著，那就是文必附圖，圖文相關，可以對照；有人問我，是先寫文章，再補照片；還是先有照片，再寫文章，其實這並沒有什麼關係，以文來說明照片，或用照片來形容文章，均無不可。

於是，每次攝影活動回來，我就從其中挑選幾張自認為較理想的照片，看圖說故事，大做文章。

有一次，我參加台北會的活動，登雪山去，之後就雪山為主題，寫了三篇文稿，分投三處報紙及雜誌，這是我動筆最勤的一次。

談到投稿，連想到一個問題，就是有人一稿數投，一魚數吃，這實在是犯了大忌，台灣的攝影圈子本來就很小，有數的幾本攝影刊物，加上香港來的中文攝影雜誌，誰都清清楚楚，如果在幾本刊物上刊出自己的同一篇文章，叫別人看到了面子實在掛不住。

有時候，參加一個活動，回來後卻毫無所獲，挑不出一張可以配文章的照片，這種情形最慘，因為旅費完全泡

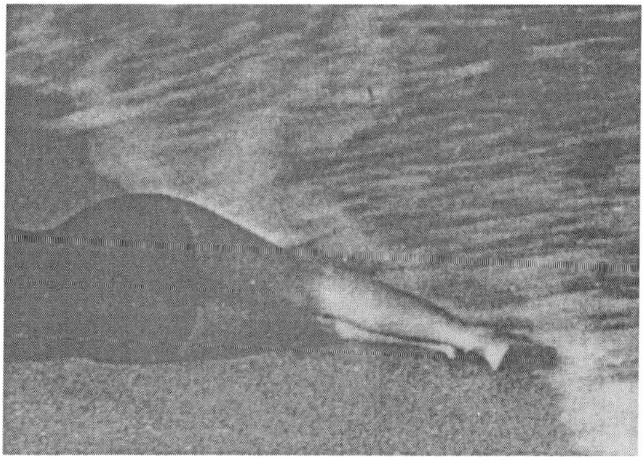

圖　三

湯了。

隨文我附上了三張照片，都是在北部濱海公路沿線拍得，這三張照片得來的代價都很高，因為這是在一次失敗的基隆貢寮之行中發現濱海公路有此一景，再另行擇日專程去拍的。

十月中旬的一個艷陽天，因為不是假日，北濱公路顯得特別寧靜，靠福隆附近的一處沙丘，緩緩地起伏著柔美的坡度，清一色的黃沙，襯著乾淨俐落的天空，微風輕拂，正是攝影的絕佳時地，模特兒在上面緩步慢行，或輕輕佇立，無不儀態萬千（圖一）。

休息片刻以後，我們移向附近的金沙灣海灘，我使用八十mm中長焦距鏡頭拍下模特兒的兩張半身照（圖二、圖三），其中圖二是以高速快門與大光圈以表現其臉部表情與其一肩充滿魅力的秀髮，而圖三則是以較慢的速度，描寫臀與腿、腳的優美線條，沙灘的靜與浪潮的動感，顯得非常鮮明，我想，躺在那裏真是一大享受。

這次同行的除了模特兒小姐以外，尚有好友游象平，游先生通英、日語，攝獵廣博，文亦俊秀，經常為中華攝影周刊撰稿，即月起將陸續在本刊發表他的新作，也是同好們的一大福音。

看著這些照片，那熱情的夏日已離我遠去，詩意正濃的秋與新的一年使我重新冷靜的思考，願不斷充實自己，努力的拍，也努力的寫。

（刊載於台北攝影月刊）

生日快樂

歡樂又充實的兩個小時

今年的三月一日，真是別具意義的一天。

本人這一天國曆生日，也是深坑導覽班新年度（民國一〇〇年）開課典禮，當然，要好好慶祝紀念一番囉！

我四方美學參加深坑導覽班今年是第三個年頭開始了，深坑離台北有點遠，我來這裡卻很快樂，一、交朋友。二、吸收一些新知。三、把自己的專長和大家分享。

深坑導覽班的學員大部分是深坑當地人，他們看我不辭辛勞，熱中來參加上課，對我有點好奇，對我四方美學也頗友善，就這樣，我在這個班搖搖晃晃，進入第三年……

第一年，我當小組長；第二年，我當小組輔導員，開始嘗試導覽工作；第三年，被推為副班長（責任重大）。

這些深坑人滿可愛的！哈！我在人生履歷上都可以記上一筆呢。

本次開課活動全數照片由本班資深學長黃健強（深坑里現任新里長）拍攝提供。感謝他！

看這些照片，每一張的人物都是那麼自然生動，你就可以感覺這次開課典禮有多成功。

開課活動中，學員林秀艷親自煮咖啡和大家分享、鄒秀粉煮了美味的紅豆湯；加上慶生的十二吋大蛋糕；以及秀艷女兒穿插小提琴表演……

現場氣氛真是一等一，深坑導覽班還粉有氣質哩！

當天晚上，上級指導員深坑農會黃水土股長適時給我們鼓勵，實際參與班務活動並努力爭取經費的農會張順達（ㄚ達），他是最受大家歡迎的啦！班長簡振隆任勞任怨，推動班務不遺餘力，辛勤可嘉，筆者（劉振雄）添為今年新任副班長之一，百感交集，努力向諸位前輩學習，不知道能不能庚續深坑導覽班班務，期能發揚光大。

回顧民國九十一年十一—十二月，是深坑導覽班草創時期，依附在深坑農會的四健會之中，當時元老級人物包括許種德、黃水土、高義泰、高春燕……諸位前輩。

民國九十四年正式成立導覽班，至今民國一〇一年，有七年的歷史。

其實，深坑農會做了很多社會服務，包括白天的松年大學，寒暑假的四健會、平時晚上的家政班、導覽班。其中以深坑導覽班最為出色，聲譽卓著。班長簡振隆因勢利導，於九十六年加入並擔任班長。四年來（不算短的時間），簡班長充分發揮熱誠服務的特質，加上農會丫達的經濟支援，學姊高春燕的課程安排，沉穩的宴玲將財物做的有板有眼，有這些大樑支柱的合作，使導覽班真是辦得有聲有色。

這就是今天的「深坑農會導覽班」！

一〇〇年三月一日，是我們新年度的開學典禮，最巧的事，這天也是我四方美學國立生日的同一天，出席的新舊學員一同為三月出生的好友慶賀，導覽班歡樂中好似玉兔奔騰，各路奇才、各路人馬齊聚一堂！深坑導覽班隱隱展現著無窮生機。

學陶心得

一、用　土

陶藝所用的土，可以分為陶土和瓷土，瓷土耐溫較高、顏色為白色，陶土耐溫較低、含雜質較多，呈黃色。成形的方法很多，包括陶塑、拉坯及注漿。但我們接觸到的只有陶塑的範圍，譬如說陶版法、泥條法、手揑法，這些方法成形的作品有個性，價值往往超過拉坯和注漿的陶品。

二、成　形

坯的成形是在陶土半乾半溼之間完成，不管用什麼方法，燒成之後不能出現裂痕，如有裂痕就算是瑕疵品；而且成品的形狀一定要中空，否則在燒窯過程

中一定會炸裂。

三、上　釉

釉就是披覆於坯體表面的一種矽酸鹽化合物，釉的基本原料是高嶺土和石英，再依據所需要的熔點和質感，加入一定比例的熔劑，例如長石、石灰、氧化美、滑石、氧化鋅、氧化鉛、碳酸鋇等。要燒高溫則高嶺土的比例要高，高溫釉燒成的顏色較不易變色；要燒低溫釉則需增加熔劑類。

釉的種類很多，以玻璃化的程度，可以分為透明釉、半透明釉和不透明釉。以熔劑原料的不同，可以分為長石釉、石灰釉、鉛釉、硼釉、鹽釉等。以燒成的溫度，可以分為低溫釉、高溫釉。以表面光亮的程度，可以分為光暈釉和無光釉。

另外有以鐵產生結晶的天目釉，以鋅或鈦產生結晶的結晶釉，用木灰做原料的叫灰釉，用泥漿做釉的叫土釉。

釉的種類太多，而且變化無窮，若要掌握一種釉，必需經過許多次的實驗。你知道嗎？磚頭的燒成溫度約在八百度到九百度之間，沒有釉。

四、燒　成

陶磁由土做成的形體在沒有燒成之前都叫『坯』，等燒成之後都叫『胎』。

『電窯』最容易燒，但變化少。『柴窯』很難燒，成功率低，但有時候會有意想不到的效果出現；而『瓦斯窯』則介於前述兩者之間。

燒窯的時候，除了電窯以外，都必需要有空氣（氧氣）才能燃燒，在燃燒的過程中，空氣供應量的多與少，都會影響到釉的效果，當空氣稀少時，一氧化碳得不到充分的氧，便從坯土及釉中吸取氧。例如釉中有氧化銅，就變成氧化亞銅，釉即成紅色，此為『還原燒』。如充分的供應空氣，則燒後呈綠色，稱為『氧化燒』。

現在坊間所見電窯加瓦斯孔的兩用窯是相當流行的。初學陶藝的學員需要一台內壁約三十公分到四五公分的兩用窯，是很重要的一件設備，價值約五到十萬元之間，我希望有一天能擁有。

經過以上的敘述，我們可以知道，陶藝的欣賞與其它藝術如雕塑、繪畫有所不同，不但要從藝術上，更要從技術上的角度來品嚐。

陶藝的產生，是因為生活上的需要，中國是在新石器時代，人類尚未有文字之前就已開始製作陶器，後來逐漸進入藝術的領域，陶藝之所以迷人，它不僅能供人欣賞，凡是生活日用品都可以用陶土製作，譬如花器、盤子、杯子、陶燈、茶壺、壁飾、……等，更能把藝術融入生活之中。

陶藝製作的可貴之處，在於平易近人，設備簡單，初學的我在家裏只需一團泥土，就可以玩得不亦樂乎，簡單的工具只要二百元，手捏陶土成形則不需拉坯機，多動腦發揮創造性，多動手可使筋骨靈活，這是一種不受年齡限制的嗜好，可以玩得輕鬆愉快，也可以玩得認真而有成績。

經過幾個月的學習，我對陶有新的認識，在陶藝前輩中，我還是新手，但是因為學陶，確實豐富了我的人生，卻是始料所未及。

本文附上一張陶作的照片，為筆者用泥條所圈成的陶燈，旨在發揮陶土的材料質感。借供讀者參考，並請指教。

加國風情見聞錄

八十七年的夏季，七月十一日，上午五點多起床，輕度颱風剛過，還下了一陣颱風雨，之後雨過天晴，這一天是出發的日子，我和妻兒第一次前往人稱生活品質世界第一的加拿大，打算要在那兒住三個星期，不趕車、不趕路，嘗試另一種新鮮的生活。

過境新落成的香港機場，挑高的屋頂真是很大，冷氣的威力不小，一面走我們一面四處張望，時間過得真快，兩個小時的轉機時間不覺得久。波音 747-400 的客機上，滿載的乘客當中，一眼望去，絕大部分是黃面孔的華人，可見得到溫哥華的中國人真的是很多，難怪在這旺季時候，機票價格貴得嚇人。

十二個小時的行程後，機上的資料告訴我們，溫哥華陰天，氣溫十七度攝氏，我想我應該穿長袖襯衫才對，下了飛機，覺得有點冷，但發現當地人都穿短袖，這是他們自稱最舒服的夏天。

在溫哥華機場提行李的時候，發生一件趣事，一名警察牽著一隻警犬嗅著我的包包不肯走，警察要檢查這個行李包，重點是要檢查有沒有夾帶毒品，打開來一看，裏面當然沒有毒品，裝得滿滿的都是糕餅等食物，我想那警察一定覺得這名旅客怎麼那麼好吃。

在溫哥華的三個星期，都住在我太太姊姊的家，位在 Maple Ridge（楓樹嶺市）的 Silver Village（銀色山谷）地區，好美的一個地名：Maple Ridge 人口大約有五六萬人，華人不多，約五十戶，在溫哥華之東約一小時車程，是一個純樸、美麗、待開發的市區。

姊夫他們的家，真是百聞不如一見，以前在台灣曾經看過他拿來的照片，因為拍得不怎麼樣，看不出所以然，試想，占地六千坪的土地上，只有一棟房子，確實很難形容。這棟住宅位在鄉間道路的盡頭，四周巨木參天，大約有四層樓高，地上綠草如茵，割一次草要花四天的時間，庭院裏涼意襲人，好像是在台灣的溪頭一樣，而且終日不聞人聲、車聲，只有偶而從天空傳來私人小飛機的引擎聲，和樹林中傳來的飛禽叫聲。這一帶的住戶普遍面積都很大，都在千坪以上，可以養馬，附近有很多人家養馬，住宅之間到處穿梭著蜿蜒的『馬路』，青年男女騎著馬，悠閒地在馬路上慢走，真是一幅美麗的畫面，這些景像，經常出現在日常生活當中，是那麼平常。

傍晚，第一次到 Maple Ridge 市區參觀、到超市買東西，感覺市容很空曠、冷清，沒什麼人，甚至看不到什麼房子，原來這裏的人平常都在家裏，沒事很少在街上逛，姊夫開著車子帶我在街上瀏覽，街道兩邊都是樹，好像沒什麼房子，再仔細看，才發現房子都躲在樹叢之後，當地人似乎很注重生活隱私的。

雖然是夏天，氣候涼爽乾燥，襪子穿了兩三天都不會發臭，蟑螂也自然絕蹟了，剛到此地的時候，我五歲的兒子貝貝曾說了一句名言：『加拿大的冷氣比台灣的冷。』惹得大家哄堂大笑。原來當地的民宅是沒有人裝冷氣的，倒是每一戶一定有中央空調暖氣（用瓦斯供應能源）、或是裝壁爐（傳統的燒木材，新式的燒瓦斯），沒有暖氣的房屋是不合規定，不能使用的，當然，有壁爐就會有煙囪。

加拿大的食、衣、住、行，對我來說都是全新的感受，因為一輩子沒有這樣生活過。所以我不自覺說：『這些天好像是做了一場夢！』姊夫和住在那兒的鄰居都笑我土，好像是沒見過世面一樣。

加拿大是一個『很大』的國家，土地大、房子大、汽車大……如果拿台灣經驗、格局來看加拿大，往往不準，不知不覺中，我們的氣度也慢慢變大了、眼界似乎也變高了。

一天晚上，同一個地區的華人鄰居巨教授和杜校長夫婦熱心的請我們吃晚飯，所謂鄰居，開車過去也要五分鐘，他們家也真是大，地有三千六百坪，庭院內大樹林立，房屋有室內游泳池，平常只有兩個人住，實在是太享受。

杜校長曾對我說：『從台灣來總要買一塊大一點的地玩玩才有意思。』這話可真有意思，大概只有台灣來的人住怕了狹礙的公寓才會有這種念頭，他們夫婦倆平時割草、種菜、養花，享受大自然的神奇，這塊地是玩不完的，真是過癮，有此經驗，確是不枉此生。

來此生活起居當中，居住的品質對我的衝擊最大。

有一天，受邀到當地一位華人會前會長安先生家裏吃飯聊天。安先生，山東人，為人熱誠、直爽，他的住家用地屬於 Hobby Farm（休閒農場），所謂休閒農場就是隨你高興可以養動物、種植物，當然也可以空著不用，土地有二千多坪，他自己養雞、養狗、種菜、作陶，很有意思。

言談間他曾說了如下的名言：『中國人再窮也要上館子；加拿大人再窮也要買花，布置在家裏、庭院，不但自己欣賞，而且還要秀給別人看。』從以上幾句話，可以看出中國人最懂得吃，依據我的觀察，白人最會做的只有生菜沙拉；中西人士個性偏好實在有明顯不同。

在這裏，我喜歡欣賞沿著路旁的房子和庭院，每一棟房子都是木造的（可見加國盛產木頭），沒有鐵窗（可見加國沒有鐵窗業），造型和顏色都不一樣，土地面積最小也有二百坪，可以這麼說，他們真懂得生活。

目前是暑假時間，姊夫的子女也都放假在家，孩子們在這裏讀中學，好像都很快樂的樣子，加拿大很大，可是中小學都很小，一個學校幾百個學生，一班十幾個孩子。

在我的印象中，台灣的學生幾乎都以上學為苦，幾乎都沒有自動自發的讀書意願。怎麼會有那麼大的差異呢！

當然，華人大量的來到溫哥華，享用這裏美好的資源，但也對這裏的環境造成衝擊。

來此三個星期當中，認識了一位早年來此的華人曉玲，一天，我們到溫哥華最古老、最大的U.B.C，大學參觀遊覽，沿著學區附近的民宅很大、很豪華、很貴，曉玲說：『台灣的人很有錢，來此地都買最貴的房子，炒作房地產，甚至拆掉很有品味的古老房子，重蓋新屋，把土地蓋得滿滿的，庭院變得很小，整理起來省事很多；只要看到這種巨無霸式的房子，就知道這家應該是台灣人，人稱這種房屋為「大怪獸」。

來到溫哥華，姊夫一定要帶我去看Auction，這是舊貨拍賣場。在Maple Ridge流行二手貨拍賣，我想在其他地區也有，一個大倉庫什麼東西都有，高級的貂皮大衣、鑽戒、迷人的古董家具、也有活的鸚鵡、書本、零星的毛線、瓶瓶罐罐……，你想淘汰的東西，都可以送到這裏來拍賣，而且每週貨色更新，我很難想像，那來那麼多有意思又希奇古怪的東西，連你想不到的東西都有；星期一的白天，你可以先來看貨，記下編號，晚上依序叫價拍賣，這些東西都沒有底價，只要沒有人和你競價，所有的日用品，除了吃的以外，都可以花很少的錢買到很好的東西。

由於加國人民這種愛物惜物的觀念，自然注重環保、重視自然保育，難怪市容美觀，看不到垃圾、零亂的招牌，看不到鐵窗，在Maple Ridge，無論多小的小溪都清徹見底，溪邊隨處可見禁釣鮭魚的標示，在較鄉下的路邊可見『注意動物』的標示牌，路上會出現什麼動物呢！華麗鼠（很像松鼠，比松鼠還要小）、鹿、熊、孔雀、馬……都有可能，這些動物都被我看到了，還即時攝入鏡頭，帶回台灣，視為珍寶展示親友，加國自然保育確實做得相當成功，令人佩服。

有一次，我們邀請了好友全家一同出遊，**Maple Ridge** 有一處省立公園叫 **Golden Ears Park**，青山綠水，離姊夫住處不遠，只有五公里車程就到了公園入口，裏面有一個湖叫 **Louette Lake**，寬廣無比，拍回來的照片人家說像海，每逢週末假日，許多人開車拖了遊艇來此進行水上活動；公園裏除了美麗的湖泊，森林茂密、華麗鼠隨處可見、溪水好像礦泉水一樣透澈、瀑布自然天成，我們在那裏野餐，貝貝和小朋友們在淺水處玩耍，大人在不遠處的岸邊享受溫暖的日光，真是一幅美麗悠閒的畫面。

之後大家一起去走森林步道，步道上滿滿鋪著碎木屑，踩上去鬆軟舒適，土不霑鞋，真是享受。

三個星期的時光好像彈指之間，臨回國的前一天，姊夫再安排帶我們開車去搭渡輪，車子可以開上船，一起過河，免費的。

為什麼不建一座橋呢？原來橋對岸是一個頗有古味的小鎮 Frot Langley（蘭里堡），當地鎮民反對開發，寧可採用渡輪和外地連絡；我們到了對岸，參觀一個好像台北光華商場一樣的古物市場，規模很大，東西真是多，看得目不暇給、眼花撩亂，奈何時間匆匆，我想，喜歡到淡水古董店尋寶的朋友，在這裏一定可以滿足他的欲望。

最後一天，我一面收拾回程的行李，一面想：這一段時間雖然沒有一覽加國的大山大水，但是每一個小品風景更是令我們回味無窮。

最值得的是親身瞭解了華人在加拿大的生活內容——接送小孩上下學、種花、種菜、割草、學英語、看電視、上超市、張羅三餐、做禮拜、鄰居間互相往來研究怎麼趨趕土撥鼠、打打零工……這些事情，都填滿了他們的時間，他們大半沒有上班，但是照樣沒什麼空閒，真是不可思議。

我滿載著全新的生活經驗回國，並決定還要再一次前往，享受那沒有污染的生活。

歲末抒感

在我們營區的四週，是個好地方，尤其是最近，山坡上盛開著蘆花，只要有一絲絲微風，它門就會飄舞起來，迎著陽光，玲瓏剔透，楚楚可人，那些不會花言巧語的生命，實在是很懂得感情的，在這四季不太分明的台灣，看到蘆花會令人想到已是秋去冬來，該振作起精神，在年終歲尾的日子裡，努力工作，留下我們直得珍惜與驕傲的回憶。

記得去年的這個時節，我來到這台北市鬧中有靜的營區，有幸能夠在繁榮的都市裡，復享受大自然的風采；清晨，太陽從山頭上爬起來，傍晚，則落向另一邊的山坡；小雨的時候，有薄霧迷濛，能使人清新醒目，涵養活力；大雨來時，流水有聲，我們得留心山洪為患，如此春去秋來，轉眼間就是一個年頭。時光和金錢一樣，一個錢可以當兩個錢，甚至十個錢來花用，反之便成了浪費，願我們都能珍惜時光與生命的可貴，在迎接新的一年之時，立下新的希望。梁任公曾說：「人生之所以能立足於世界的，是在各人懷有希望，以奔無極之長途！」的確，只有希望可以激發人的熱誠和勇敢，在人生的歷程上打一場勝仗！

然而個人的希望，究竟範圍太狹小了，也必須在國家有了希望之後，才有辦法。因此，我們共同的希望，便是國家日益強盛，世界日趨和平，這才是希望中的希望。有鑑於此，作為革命軍人的我們，務必堅定自己的意志和奮鬥目標，才不致被長時期的安樂生活所惑，而竟日浸沉於追逐功名利祿生活之中。我總覺得人生有限，應該將我們充沛的精力，用來光大博愛的理想，如此人間必然處處有溫暖。我們何不匯集愛心，使人間更加可愛，團結力量，使這個世界更加和諧呢！

宇宙萬物，芸芸眾生，若能和好相處，互相關注，互助合作，這才是建立完美社會的出發點，也是人們自求多福的正路，在這一年將盡的時刻，讓我們相互勉勵；對自己無妨苛求，對朋友應該寬厚，對事理必須嚴明，對友誼應該珍惜，如此，我們的生活才有意義，我們的社會必定安和樂利，我們的國家一定強盛，也預示著明年將是光輝燦爛的一年。

（刊載於忠勇報）

進步與繁榮

剛搬進這個地方的時候，真糟，連一輛公共汽車也沒有，如果想要上街逛逛，除了計程車、私家車以外，就不得不用兩條腿先走上一大段路。

說起來也奇怪，從台北火車站到我家只要十分鐘的車程，可是由我家出來，卻必須先走上十幾分鐘才有公車站牌，幾千戶人家住在這個死角，。汽車從那端好似瓶頸的小路進來，然後還得調個頭從原路才能出去，因為路的另一端是個「菜場」，只有午後才能單向行駛，此路等於不通。

說起菜市場，我們可是得天獨厚，除了地下室原有的市場而外，東邊是安東街菜場，西邊是建國南路菜場，所以媽說我們有「吃」福。民以食為天，總算我們在吃的方面，不虞匱乏，而且方便之至。

這條路遲早是要打通的，問題就是施工上快些慢些的差別而已，眼看著拆舊屋，挖路基，鋪石子，澆柏油，這段不到一公里的路，雕琢了將近兩年，終於完成了。從此由火車站驅車直駛國父紀念館，連個九十度的轉彎也不用轉，好爽快：事實上，這條路和敦化南路正中直交，有人稱為黃金幹線，實不誇言。

回想起在我年幼的時候，有個晚上，爸媽和我坐著三輪車，途經復旦橋上，寒風颼颼，吹得車篷格格作響，四野一片漆黑，放眼望去，只有遠處搖曳著兩盞黃燈，好像一陣風吹過去就要熄滅的樣子，淒涼已極，那時候總覺得這是一個荒野的地方。

我的小學就在這附近讀的，當年每天坐著三輪車，往反在敦化路上，那時候只有安樂大廈矗立在道路的西側，天天看還是那孤零零的一棟，好不可憐，真怕那一天颱風來襲時，它要付出相當的力量和大自然抗衡，來保護它那唯我獨尊的英姿。

一直到六年級畢業，也只不過是加蓋了一座土地改革紀念館，別無建樹，所以仍舊看不出它將是個大發展的新社區。但是十年後的今天，這一帶的車輛川流不息，三輪車早已成了歷史的古蹟了，而且高樓林立，不但住家式的大廈如雨後春筍般的出現，更因為學校近，醫院毗鄰，超級市場改善了食的問題，娛樂事業相繼發展，這都是改造環境的因素。有人說，要住在這個地區，就必須花相當的代價，說穿了，就是這裡的生活水準比較高：然而當初在這裡居住的人們又何嘗不是「拓荒」的無名英雄呢！

時代的躍進往往是令人意想不到的，但是交通的發達該是主要的動力，譬如台北市敦化路的拓寬，仁愛路的延長，以至於新近完成的忠孝東路，使這裏成為全國的首善之區，就是交通建設帶動繁榮的例子。無怪當年　國父將交通之開發列為實業計劃中首先規劃的目標，而當年自由祖國的十大建設中，交通建設又佔了大半，本島的進步與繁榮，且讓中外人士拭目以待吧！

（刊於中央日報副刊）

筆 墨 之 趣

孤芳自賞

十多年以前，淡水的聖約翰大學來了一位客人，這位客人是來自中國大陸中部，某大學的一位書法教授。

當時的聖約翰校長熱誠接待，晚上並在天母一家餐廳設宴款待，我（四方美學）也被通知參加，跑到餐廳一看，出席的全是各單位一級主管，可是這些主管沒有一位擅長書法，所以，我（四方美學）雖然是出版組的組長，卻被安排應付和這位書法教授談中國文化之美，聊書法……以免這位教授覺得我們言語乏味。

各為朋友大概還不知道我（四方美學）還有這個能耐吧！這要感謝我的家庭父母在我小時候給我的訓練。

只是可惜現在的人只認得鈔票和股票，有誰會去和王羲之做朋友啊！我（四方美學）也只好孤芳自賞啦！

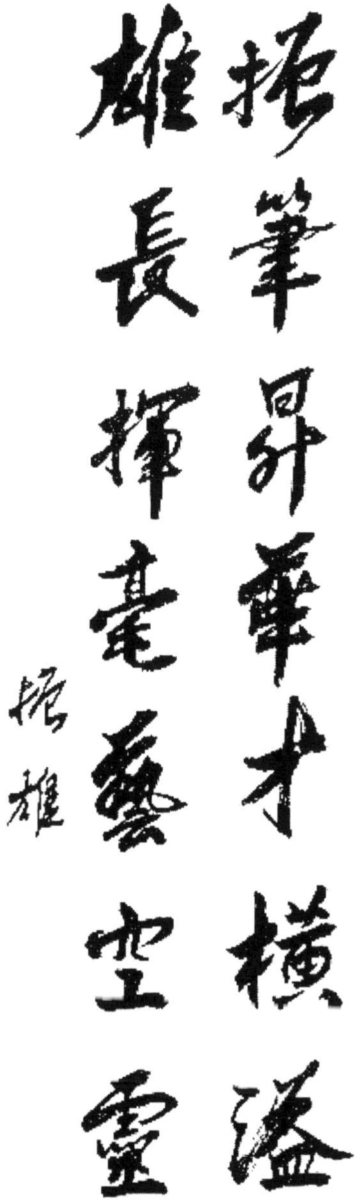
振筆昇華才橫溢
雄長揮毫藝空靈
振雄

李鴻章

閉戶著書多歲月

揮毫落紙如雲煙

振雄書

重門雲煙千祥集
曲巷風飄萬福齊
振雄書

春滿乾坤福滿堂

天增歲月人增壽

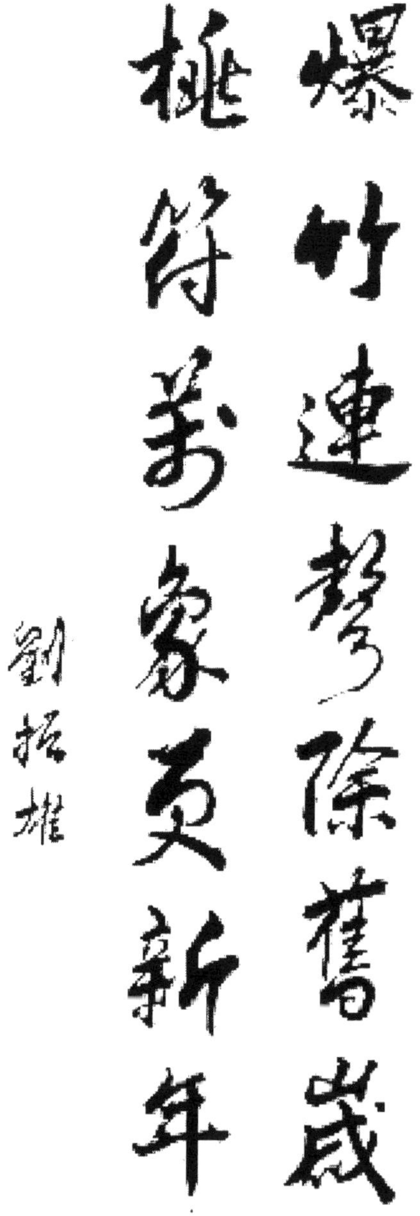
爆竹連聲除舊歲
桃符萬象更新年

書山有路勤為徑
學海無涯苦作舟

施比受更爲有福

富而義可以永年

振雄書

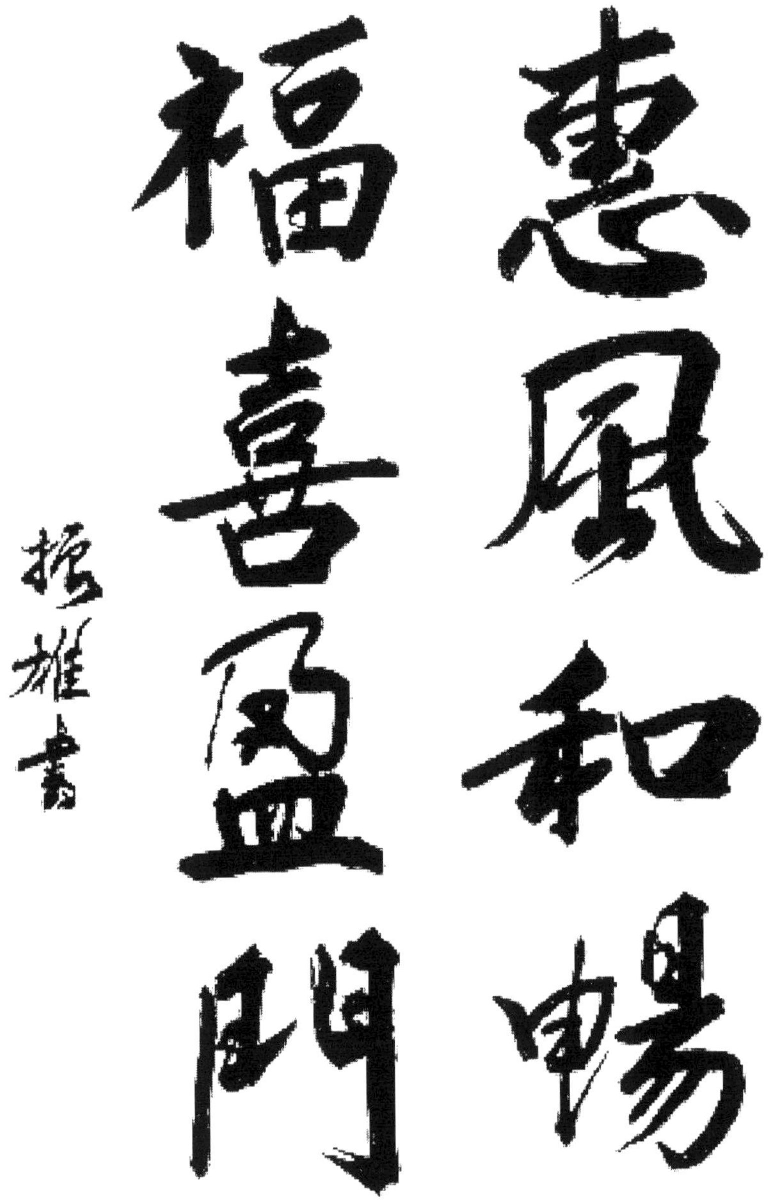
惠風和暢
福喜盈門
振雄書

飄在門扉的
的小綠葉

招雄書